ACCESO GRATIS ***a la Lectura en la Nube***

Para visualizar el libro electrónico en la nube de lectura envíe junto a su nombre y apellidos una fotografía del código de barras situado en la contraportada del libro y otra del ticket de compra a la dirección:

ebooktirant@tirant.com

En un máximo de 72 horas laborales le enviaremos el código de acceso con sus instrucciones.

ESTUDIO PRÁCTICO DE LA RESPONSABILIDAD ADMINISTRATIVA EN MÉXICO

ESTUDIO PRÁCTICO DE LA RESPONSABILIDAD ADMINISTRATIVA EN MÉXICO

MIGUEL ANGEL BASILIO MAR

tirant lo blanch
Ciudad de México, 2026

En caso de erratas y actualizaciones, la Editorial Tirant lo Blanch México publicará la pertinente corrección en la página web www.tirant.com/mex/

© EDITA: TIRANT LO BLANCH
DISTRIBUYE: TIRANT LO BLANCH MÉXICO
Av. Tamaulipas 150, Oficina 502
Hipódromo, Cuauhtémoc
CP 06100, Ciudad de México
Telf: +52 1 55 65502317
infomex@tirant.com
www.tirant.com/mex/
www.tirant.es
ISBN: 979-13-7010-804-5
MAQUETA: Disset Ediciones

Si tiene alguna queja o sugerencia, envíenos un mail a: atencioncliente@tirant.com. En caso de no ser atendida su sugerencia, por favor, lea en www.tirant.net/index.php/empresa/politicas-de-empresa nuestro procedimiento de quejas.

Responsabilidad Social Corporativa: http://www.tirant.net/Docs/RSCTirant.pdf

AL SUPREMO HACEDOR DE VIDA, GRACIAS.
A ROSARIO, MI QUERIDA MADRE.

"No mido el éxito de un hombre por la altura que es capaz de subir,
sino por lo alto que rebota cuando toca el fondo"
George S. Patton.

Índice

Presentación

La responsabilidad administrativa es un tema de primer orden dentro de la actividad gubernamental, que está relacionada y dirigida a la necesidad de imponer normas para constreñir y garantizar el adecuado funcionamiento de la actividad administrativa del Estado.

El marco regulatorio de la responsabilidad administrativa es de alta importancia, pues está directamente relacionada con la función del Estado de administrar adecuadamente los recursos para prestar los servicios públicos que requiere la sociedad para desarrollarse, una función que compete a los tres poderes públicos y a los tres órdenes de gobierno.

En consecuencia, la función administrativa es sustancial para que el Estado pueda cumplir con el fin de realizar el bienestar público y por ello se despliega un amplio marco normativo tendiente a garantizar que la función administrativa (que implica la organización de los servicios públicos y el ejercicio de recursos públicos) sea ejecutada conforme a principios y directrices de interés público que al ser quebrantados (faltas) dan lugar a responsabilidades administrativas susceptibles de ser sancionadas.

La responsabilidad administrativa nace entonces como una consecuencia que repercute en los servidores públicos (y que alcanza a los particulares) para que respondan por el incumplimiento de sus obligaciones y atribuciones y por toda falta que cometan en contra de los principios y directrices que rigen el servicio público, mediante las cuales se puedan ocasionar daños y perjuicios a la Hacienda Pública o al Patrimonio de los entes públicos, afectando los intereses y objetivos del Estado.

Es menester que los servidores públicos (y los propios particulares cuyas actividades se vinculan a funciones administrativas) comprendan la importancia del cumplimiento de sus funciones con la máxima diligencia, evitando incurrir en conductas o prácticas que impliquen deficiencia, abuso o ejercicio indebido del servicio público; que identifiquen el contexto de responsabilidades que surge de su actuar administrativo, de su inadecuado desempeño y ese límite legal que no debe franquearse para no quedar expuestos al fincamiento de responsabilidades administrativas y al poder sancionador del Estado.

El presente trabajo comprende el estudio práctico de conceptos, marco normativo, principios y obligaciones del servidor público, naturaleza de las faltas administrativas y tiene como fin explicar y coadyuvar en el entendimiento de los procedimientos de investigación de faltas administrativas y de responsabilidad administrativa, incluyendo los que derivan de las acciones de fiscalización superior, abarcando las sanciones administrativas y los medios de defensa.

Es un texto cuya temática -aun siendo de una naturaleza legal y administrativa compleja- es explicada de manera sencilla y sustanciosa, para facilitar la lectura y la rápida asimilación del esquema legal de las responsabilidades administrativas.

Capítulo I

Teoría de la responsabilidad y los tipos de responsabilidad

TEORÍA DE LA RESPONSABILIDAD

La Teoría Responsabilidad proviene originalmente del Derecho Civil y se centra básicamente en la premisa de que la responsabilidad surge como consecuencia de un daño que debe ser reparado. De acuerdo con la teoría clásica de la responsabilidad civil: **la persona que cause un daño a otra está obligada a repararlo.**

Bajo dicha idea se derivan diversos conceptos de la Responsabilidad:

- La responsabilidad implica el deber de una persona de responder, ante otra, por las consecuencias dañinas de un hecho o conducta, sea propia o ajena.
- La responsabilidad define la situación en la que se ubica quien faltó a un deber o a la obligación que le imponía una norma, por lo que se expone a las consecuencias de ello, es decir, constituye la situación jurídica que deviene a consecuencia de la violación a una obligación.

Para que exista una responsabilidad se requiere la existencia de una obligación previa y la seguida violación de esa obligación o su incumplimiento, lo cual conlleva como sanción el derecho a la reparación y a la indemnización.

TIPOS DE RESPONSABILIDAD

Quien realice cualquier tipo de conducta que cause un daño a otro, será responsable de los efectos que produzca, los cuales pueden ser de diversa naturaleza, dependiendo del área jurídica desde la cual se ubique y el sujeto o sujetos involucrados en ella.

De lo anterior, se derivan distintas clases de responsabilidad: penal, administrativa, civil, política y la patrimonial del Estado, entre otras, cuya clasificación atiende a las normas que regulan la conducta, a las consecuencias que se le atribuyan y a los sujetos que la realicen.

La responsabilidad civil:

La Suprema Corte la define como "la obligación de responder ante la justicia por un daño, y de reparar sus consecuencias indemnizando a la víctima." Su objetivo principal es la reparación e indemnización entre particulares.

La responsabilidad política:

Se origina por la comisión de una falta de tipo político, que surge cuando ciertos servidores públicos (de alto perfil jerárquico) en el ejercicio de sus funciones incurren en actos u omisiones que redundan en perjuicio de los intereses públicos fundamentales o de su buen despacho y se determina a través del llamado juicio político.

La responsabilidad penal:

Es la consecuencia jurídica que se deriva del delito cometido por un servidor público vinculado con su cargo y que generalmente se asocia o surge de actos de corrupción.

La responsabilidad patrimonial:

Surge de los daños que se causa en los bienes o derechos de los particulares con motivo de la actividad administrativa irregular del Estado. Se trata de una responsabilidad objetiva y directa.

La responsabilidad administrativa:

Se explica en el capítulo siguiente.

Capítulo II

Concepto y naturaleza de la responsabilidad administrativa

CONCEPTO DE RESPONSABILIDAD ADMINISTRATIVA

Es la obligación que tienen los servidores públicos y los particulares de responder por las faltas que cometan en contra de los principios y directrices que rigen el servicio público y que puedan ocasionar daños y perjuicios a la Hacienda Pública o al Patrimonio de los entes públicos y/o daños, afectando el adecuado desarrollo de la actividad administrativa del Estado.

NATURALEZA DE LA RESPONSABILIDAD ADMINISTRATIVA

La responsabilidad administrativa está directamente relacionada con la función del Estado de administrar adecuadamente los recursos para prestar los servicios públicos que requiere la sociedad para desarrollarse, función que compete a los tres poderes públicos y a los tres órdenes de gobierno,

En consecuencia, la función administrativa es sustancial para que el Estado pueda cumplir con el fin de realizar el bienestar público y por ello se despliega un amplio marco normativo tendiente a garantizar que la función administrativa (que implica la organización de los servicios públicos y el ejercicio de recursos públicos) sea ejecutada conforme a principios y directrices de interés público que al ser quebrantados (faltas) dan lugar a responsabilidades administrativas susceptibles de ser sancionadas.

Cabe advertir aquí, que la responsabilidad administrativa y la responsabilidad patrimonial del Estado pueden estar relacionadas, pero no son exactamente lo mismo:

*La responsabilidad administrativa se enfoca en la posible sanción de los servidores públicos por incumplimiento de normas o deberes dentro de su función. Es una cuestión disciplinaria contra el servidor público y/o indemnizatoria a cargo del mismo.

*En tanto que la responsabilidad patrimonial del Estado se refiere a la obligación de indemnizar a los ciudadanos por daños causados por el funcionamiento irregular del Estado. Es una responsabilidad objetiva del Estado e independiente de la culpa o responsabilidad de los servidores públicos.

Si bien pueden coexistir en ciertos casos—por ejemplo, cuando la actuación irregular de un servidor público genera un daño indemnizable—cada una tiene sus propios principios y consecuencias jurídicas.

Capítulo III

Marco normativo aplicable

El marco normativo de las responsabilidades administrativas es amplio, tiene en principio su base en la constitución política federal y en las convenciones internacionales firmadas por el Estado mexicano que le son aplicables y, abarca toda la legislación secundaria regulatoria: de las responsabilidades administrativas; de los actos y procedimientos administrativos que genera y aplica la autoridad; de la justicia administrativa a cargo de tribunales; del combate de la corrupción; de la rendición de cuentas; de la transparencia; del ejercicio de recursos públicos; etc.

Dentro del marco normativo que regulan las responsabilidades administrativas de los servidores públicos se encuentran, entre otros, los ordenamientos siguientes:

- **Constitución Política de los Estados Unidos Mexicanos.**
- **Tratados Internacionales firmados por el Estado mexicano, vinculados a responsabilidades de los servidores públicos.**
- **Constituciones Políticas locales.**
- **Ley General de Responsabilidades Administrativas (Federal) y las Leyes de Responsabilidades Administrativas locales.**
- **Ley General del Sistema Nacional Anticorrupción y las Leyes de los Sistemas Estatales Anticorrupción.**
- **Ley Federal de Procedimiento Administrativo y las Leyes o Códigos locales de procedimientos administrativos.**
- **Ley Federal del Procedimiento Contencioso Administrativo.**
- **Ley Orgánica del Tribunal Federal de Justicia Administrativa.**
- **Ley General de Contabilidad Gubernamental.**

- **Ley de Disciplina Financiera de las Entidades Federativas y los Municipios.**
- **Ley Federal de Austeridad Republicana y las Leyes de Austeridad locales.**
- **La Ley de Adquisiciones, Arrendamientos y Servicios del Sector Público (federal) y las Leyes de Adquisiciones locales.**
- **Ley de Obras Públicas y Servicios Relacionados con las Mismas y Leyes locales respectivas.**
- **Ley General de Transparencia y Acceso a la Información Pública y las Leyes locales respectivas.**
- **Ley de Fiscalización y Rendición de Cuentas (federación) y las Leyes de Fiscalización Superior y Rendición de Cuentas locales.**
- **Ley General de Víctimas (federal) y las Leyes de Víctimas locales.**
- **Acuerdo por el que se Establecen las Bases Generales para los Procedimientos de Rendición de Cuentas, Individuales e Institucionales, de la Administración Pública Federal y las Leyes u Ordenamientos Locales en materia de Entrega y Recepción del Poder Ejecutivo y la Administración Pública Municipal.**
- **Ley Federal del Procedimiento Contencioso Administrativo y las Leyes Orgánica de los Tribunales de Disciplina o Justicia Administrativa locales.**

EL ARTÍCULO 109 DE LA CONSTITUCIÓN POLÍTICA FEDERAL

Por ser el ordenamiento sustancial del cual nace el régimen jurídico nacional de la responsabilidad administrativa de los servidores públicos, resulta indispensable resaltar lo que establece la fracción III del artículo 109 de nuestra constitución federal:

"Artículo 109. Los servidores públicos y particulares que incurran en responsabilidad frente al Estado, serán sancionados conforme a lo siguiente:

...

III. **Se aplicarán sanciones administrativas a los servidores públicos por los actos u omisiones** que afecten la legalidad, honradez, lealtad, imparcialidad y eficiencia que deban observar en el desempeño de sus empleos, cargos o comisiones. Dichas sanciones consistirán en amonestación, suspensión, destitución e inhabilitación, así como en sanciones económicas, y deberán establecerse de acuerdo con los beneficios económicos que, en su caso, haya obtenido el responsable y con los daños y perjuicios patrimoniales causados por los actos u omisiones. La ley establecerá los procedimientos para la investigación y sanción de dichos actos u omisiones.

Las faltas administrativas graves serán investigadas y substanciadas por la Auditoría Superior de la Federación y los órganos internos de control, o por sus homólogos en las entidades federativas, según corresponda, y serán resueltas por el Tribunal de Justicia Administrativa que resulte competente. Las demás faltas y sanciones administrativas, serán conocidas y resueltas por los órganos internos de control.

Para la investigación, substanciación y sanción de las responsabilidades administrativas de los miembros del Poder Judicial de la Federación, se observará lo previsto en el artículo 94 de esta Constitución, sin perjuicio de las atribuciones de la Auditoría Superior de la Federación en materia de fiscalización sobre el manejo, la custodia y aplicación de recursos públicos.

La ley establecerá los supuestos y procedimientos para impugnar la clasificación de las faltas administrativas como no graves, que realicen los órganos internos de control.

Los entes públicos federales tendrán órganos internos de control con las facultades que determine la ley para prevenir, corregir e investigar actos u omisiones que pudieran constituir responsabilidades administrativas; para sancionar aquéllas distintas a las que son competencia del Tribunal Federal de Justicia Administrativa; revisar el ingreso, egreso, manejo, custodia y aplicación de recursos públicos federales y participaciones federales; así como presentar las denuncias por hechos u omisiones que pudieran ser constitutivos de delito ante la Fiscalía Especializada en Combate a la Corrupción a que se refiere esta Constitución.

Los entes públicos estatales y municipales, así como del Distrito Federal y sus demarcaciones territoriales, contarán con órganos internos de control, que tendrán, en su ámbito de competencia local, las atribuciones a que se refiere el párrafo anterior, y..."

Debe precisarse que dicho precepto constitucional señala que, los procedimientos para la aplicación de las sanciones se desarrollan de manera autónoma, lo que significa que la responsabilidad administrativa del servidor público puede configurar diversas responsabilidades (penal, política o civil) y sanciones.

Capítulo IV

Sujetos de la responsabilidad administrativa

El Artículo 4° de la Ley General de Responsabilidades Administrativas establece **quienes son sujetos de las responsabilidades administrativas**:

I. Los Servidores Públicos;

II. Aquellas personas que habiendo fungido como Servidores Públicos se ubiquen en los supuestos a que se refiere la presente Ley, y

III. Los particulares vinculados con faltas administrativas graves.

El artículo 108 de la Constitución Política Federal, estipula que se reputan como servidores públicos a toda persona que desempeñe un empleo, cargo o comisión en cualquiera de los poderes públicos y organismos autónomos, quienes serán responsables por los actos u omisiones en que incurran en el desempeño de sus respectivas funciones.

Los particulares sujetos de responsabilidad administrativa son las personas físicas o morales privadas que realizan actos vinculados con las faltas administrativas graves a que se refieren los Capítulos III y IV del Título Tercero de la Ley General de Responsabilidades Administrativas.

Capítulo V

Obligaciones, principios y directrices aplicables al servicio público

El conocimiento de las obligaciones que tienen los servidores y de los principios y de las directrices que rigen el servicio público, **es importante para identificar si se han cometido faltas administrativas que deban ser objeto de investigación** que merezcan el inicio de procedimientos de responsabilidad y de sanciones administrativas, en su caso.

La principal obligación de los servidores públicos es cumplir con las disposiciones normativas (principio de legalidad), lo cual involucra una esfera amplia de deberes, como cumplir con todas aquellas atribuciones y obligaciones que tengan conferidas en cualquier ordenamiento vigente que les resulte aplicables.

PRINCIPIOS QUE RIGEN EL SERVICIO PÚBICO:

El Artículo 7 de la Ley General de Responsabilidades Administrativas dispone que son principios que deben imperar en el servicio público los siguientes: austeridad, disciplina, legalidad, objetividad, profesionalismo, honradez, lealtad, imparcialidad, integridad, rendición de cuentas, eficacia, eficiencia y racionalidad en el uso de los recursos públicos.

DIRECTRICES QUE DEBEN OBSERVAR LOS SERVIDORES PÚBLICOS :

El mismo Artículo 7 de la Ley General de Responsabilidades Administrativas señala como directrices los siguientes:

I. Actuar conforme a la legalidad.

II. Conducirse con rectitud sin pretender obtener algún beneficio, provecho o ventaja personal.

III. Satisfacer el interés superior de las necesidades colectivas por encima de intereses particulares.

IV. Dar a las personas en general el mismo trato, no discriminar.

V. Actuar conforme a una cultura de servicio orientada al logro de resultados.

VI. Administrar los recursos públicos bajo principios de austeridad, eficiencia, eficacia, economía, transparencia y honradez.

VII. Promover, respetar y garantizar los derechos humanos.

VIII. Corresponder a la confianza que la sociedad les ha conferido.

IX. Evitar y dar cuenta de los intereses que puedan entrar en conflicto con el desempeño responsable y objetivo de sus facultades y obligaciones;

X. Se abstendrán de asociarse para hacer cualquier tipo de negocio privado en razón de intereses personales o familiares, hasta el cuarto grado por consanguinidad o afinidad;

XI. Antes de asumir el cargo, acreditar legalmente haberse separado de los activos e intereses económicos que puedan afectar el ejercicio de sus responsabilidades por constituir conflicto de intereses. Los instrumentos legales que acrediten la separación deberán incluir una cláusula que garantice la vigencia de la separación durante el tiempo de ejercicio del cargo y hasta por un año posterior a haberse retirado.

XII. Abstenerse de nepotismo.

XIII. Abstenerse de realizar cualquier trato o promesa privada que comprometa al Estado mexicano.

Capítulo VI

Obligaciones de los servidores públicos de respetar los derechos humanos, la buena administración y la perspectiva de género

La Ley General de Responsabilidades Administrativas regula en su artículo 6 un mandato dirigido directamente a los entes públicos **con dedicatoria específica para sus servidores públicos**, enunciando una disposición breve, pero con una cobertura amplia y poderosa en beneficio de los gobernados y/o particulares:

> "Todos los entes públicos están obligados a crear y mantener condiciones estructurales y normativas que permitan el adecuado funcionamiento del Estado en su conjunto, y **la actuación ética y responsable de cada Persona Servidora Pública, en el marco del respeto a los derechos humanos, la buena administración pública y la perspectiva de género**."

Con ese sencillo y sustancial precepto, surge para las instancias públicas y los servidores públicos, **una enorme obligación y una gran responsabilidad administrativa**. Correlativamente, las personas particulares cuentan con una amplia tutela de sus derechos ciudadanos, que se traduce en el deber del Gobierno a respetar sus derechos humanos, su derecho a una buena administración pública y a gozar de la perspectiva de género.

OBLIGACIÓN DE RESPETAR LOS DERECHOS HUMANOS

Implica que en todos los actos y procedimientos administrativos de la autoridad y en todos los servicios que presten los entes públicos, **deben realizarse mediante acciones, políticas y decisiones que garanticen la dignidad, la libertad y la igualdad de las personas.** Esto significa que el Estado debe respetar, proteger y garantizar los derechos fundamentales de todos los ciudadanos, sin discriminación, en los términos que establece el artículo 1° de la Constitución Política de los Estados Unidos Mexicanos.

En términos generales, dicha obligación se traduce en: respetar, no interferir ni vulnerar los derechos humanos de las personas; proteger y prevenir violaciones a los derechos humanos y sancionar a quienes los vulneren; y procurar que se implementen políticas y mecanismos que permitan el ejercicio pleno de los derechos humanos.

OBLIGACIÓN DE PROPORCIONAR UNA BUENA ADMINISTRACIÓN PÚBLICA.

En una época de gran desgaste de las relaciones entre el estado y la sociedad, en el que la falta de resultados en diversos aspectos de la vida social, generan dudas respecto a la voluntad y la capacidad de las instituciones públicas para atender las necesidades colectivas y resolver los muchos problemas que nos aquejan; es de gran aliciente que la Ley General de Responsabilidades Administrativas reconozca la obligación del aparato estatal de ofrecer a los gobernados una buena administración pública. Lo cual sin duda genera confianza en el Estado y tiende un puente para el acercamiento entre gobernantes y gobernados.

El derecho a la buena administración pública es un principio fundamental que garantiza que las personas reciban un trato justo, transparente y eficiente por parte de las instituciones gubernamentales. Este derecho implica el deber de sus servidores públicos de actuar con legalidad, honestidad, imparcialidad, eficacia y responsabilidad, asegurando que los ciudadanos puedan acceder a servicios públicos de calidad y que sus derechos sean respetados.

Aun cuando el derecho a la buena administración pública no está explícitamente regulado nuestra Constitución Política federal, si está difuminado en principios constitucionales que garantizan la transparencia, la rendición de cuentas y la eficiencia en el ejercicio de la función pública.

Algunos preceptos constitucionales que conducen la obligación del Estado a gobernar a través de una buena administración pública, lo son el artículo 1° que establece la obligación del Estado de respetar y garantizar los derechos humanos, lo cual se proyecta a los derechos ciudadanos; el Artículo 6° que reconoce el derecho de acceso a la información pública y el Artículo 134 que establece los principios de eficiencia, eficacia y transparencia en el uso de los recursos públicos.

OBLIGACIÓN DE OTORGAR UNA ATENCIÓN CON PERSPECTIVA DE GÉNERO.

La obligación del Estado de gobernar respetando la perspectiva de equidad de género, entraña que las acciones gubernamentales deben garantizar la igualdad de derechos y oportunidades entre mujeres y hombres. Esto implica eliminar cualquier forma de discriminación basada en el género y promover condiciones equitativas en ámbitos como el acceso a la educación, el empleo, la participación política y la justicia.

La perspectiva de género en la administración pública busca:

- Reconocer y corregir desigualdades históricas que afectan a las mujeres y otros grupos vulnerables.
- Garantizar la inclusión de mujeres en espacios de toma de decisiones.
- Combatir la violencia de género mediante políticas de prevención y sanción.
- Promover la corresponsabilidad en el trabajo doméstico y de cuidados.

El incumplimiento de dicho deber por parte de los servidores públicos, constituye una discriminación que afecta los derechos humanos y genera una responsabilidad administrativa.

Capítulo VII

Obligaciones de los entes públicos

La Ley General de Responsabilidades Administrativas no solamente dispone obligaciones para los servidores públicos sino también para los entes públicos, es decir, enuncia obligaciones específicas para el Estado como organización y persona jurídica, llámese dependencias y entidades, administración pública, gobierno, poderes públicos, órganos autónomos, etc.

Tal especificación es muy importante, porque se reconoce que para que el Estado pueda funcionar adecuadamente -a través de sus entes públicos- debe garantizar las condiciones indispensables para ello y propiciar o favorecer a una adecuada conducta de sus servidores públicos.

OBLIGACIÓN DE LOS ENTES PÚBLICOS DE GENERAR CONDICIONES ESTRUCTURALES Y NORMATIVAS:

La estructura administrativa y operativa de los órganos administrativos es de vital importancia para la eficiencia del Estado y el cumplimiento de sus fines; al igual que lo es contar con una regulación adecuada de los órganos estatales y de las funciones de sus servidores públicos, sin ellos se dificulta la consecución de las metas institucionales.

Por mandato del artículo 6 de la Ley General de Responsabilidades Administrativas, todos los entes públicos están obligados a crear y mantener condiciones estructurales y normativas que permitan el adecuado funcionamiento del Estado en su conjunto:

> "Todos los entes públicos están obligados a crear y mantener condiciones estructurales y normativas que permitan el adecuado funcionamiento del Estado en su conjunto, y la actuación ética y responsable de cada Persona Servidora Pública, en el marco del

> respeto a los derechos humanos, la buena administración pública y la perspectiva de género."

Por lo anterior, constituye una obligación de la autoridad legislativa generar o actualizar la normatividad idónea para que los respectivos órganos estatales vayan a la par de las necesidades sociales y del desarrollo que demanda el país. Pero también es una obligación de los órganos de la Administración Pública el identificar e impulsar reformas o nuevas disposiciones que permitan congruencia entre los objetivos, las necesidades y las atribuciones, lo cual es tarea primordialmente de las áreas de control interno, de desarrollo administrativo y de los superiores jerárquicos sobre los cuales recaiga sustancialmente funciones estratégicas para el cumplimiento de los programas de gobierno, las políticas públicas y/o las metas institucionales.

Ahora bien, tal obligación de los entes públicos constituye correlativamente un derecho para los servidores públicos, puesto que para que puedan cumplir con sus atribuciones y derechos, el Estado debe garantizar que existan las condiciones administrativas y normativas que así lo permitan, sino existen tales condiciones, dichos servidores públicos deben comunicarlas y acreditarlas formalmente ante las instancias competentes para, en su caso, hacerlas valer como una excepción en el supuesto de que el no tener adecuadas condiciones estructurales o normativas, deriven en un impedimento para el debido cumplimiento de sus obligaciones y atribuciones y en la generación de faltas administrativas.

OBLIGACIÓN DE LOS ENTES PÚBLICOS DE PROPICIAR LA ACTUACIÓN ÉTICA Y RESPONSABLE DE LOS SERVIDORES PÚBLICOS:

El artículo 6 de la Ley General de Responsabilidades Administrativas. establece que todos los entes públicos están obligados a crear condiciones que permitan la actuación ética y responsable de cada Persona Servidora Pública, en el marco del respeto a la legalidad, los derechos humanos, la buena administración pública y la perspectiva de género.

Como parte de esa obligación, los entes públicos deben emitir códigos de ética y de conducta según corresponda, a través de las Secretarías o los Órganos internos de control, conforme a los lineamientos que emita el Sistema Nacional Anticorrupción, según se enuncia en el artículo 16 de la Ley General de Responsabilidades Administrativas.

Capítulo VIII

Mecanismos para la prevención de responsabilidades administrativas

Con la finalidad de procurar la adecuada actuación de los servidores públicos, la eficiencia del control interno y del sistema anticorrupción y la colaboración de las empresas que participan en los procedimientos de contratación pública, la Ley General de Responsabilidades Administrativas establece los denominados **"Mecanismos Generales de Prevención"** de conformidad con lo siguiente:

*Obligación de las Secretarías y los Órganos internos de control, de implementar acciones para orientar el criterio que deben observar los Servidores Públicos (art. 15 LGRA).

*Obligación de los servidores públicos de observar el código de ética y el código de conducta que emitan las Secretarías o los Órganos internos de control (art. 16 LGRA).

*Obligación de los Órganos internos de control de evaluar anualmente el resultado de las acciones específicas que hayan implementado y de informar a la Secretaría Anticorrupción y Buen Gobierno (art. 17 LGRA).

*Obligación de los Órganos internos de control de valorar las recomendaciones que haga el Comité Coordinador del Sistema Nacional Anticorrupción a las autoridades, y adoptar las medidas para el fortalecimiento institucional en su desempeño y control interno y la prevención de Faltas administrativas y hechos de corrupción (art. 18 LGRA).

*Obligación de los entes públicos de implementar los mecanismos de coordinación que determine el Comité Coordinador del Sistema Nacional Anticorrupción, informándoles de los avances y resultados que tengan, a través de sus Órganos internos de control o instancia interna equivalente (art. 19 LGRA).

*Obligación de seleccionar los integrantes de los Órganos internos de control con base en el mérito y la adecuada profesionalización, a través de procedimientos transparentes, objetivos y equitativos (art. 20 LGRA).

*Facultad de las Dependencias de suscribir convenios de colaboración con las personas físicas o morales que participen en contrataciones públicas, así como con las cámaras empresariales u organizaciones industriales o de comercio, para la instrumentación de controles internos y un programa y políticas de integridad que permita asegurar buenas prácticas empresariales (art. 21, 22 y 25 LGRA).

*Obligación del Comité Coordinador del Sistema Nacional Anticorrupción de establecer mecanismos para promover y permitir la participación de la sociedad en la generación de políticas públicas dirigidas al combate a las distintas conductas que constituyen Faltas administrativas (art. 23 LGRA).

Capítulo IX

Instrumentos de la rendición de cuentas

Surgen como medios para transparentar la actuación de los servidores y entes públicos; controlar y fiscalizar sus actividades y la ejecución de recursos; detectar conflictos de interés y/o el incremento injustificado del patrimonio personal y combatir la corrupción.

Son los siguientes:

Instrumentos de Rendición de Cuenta

- ***Declaración patrimonial y de intereses.**
- ***Constancia de presentación de declaración fiscal ante el SAT**
- *** Protocolo de actuación en materia de contrataciones públicas.**
- *** Sistema de Transparencia y Acceso a la Información Pública**
- ***Plataforma Digital Nacional:** (Art. 49 Ley General del Sistema Nacional Anticorrupción)
  - I. Sistema de evolución patrimonial, de declaración de intereses y constancia de presentación de declaración fiscal;
  - II. Sistema de los Servidores públicos que intervengan en procedimientos de contrataciones públicas;
  - III. Sistema nacional de Servidores públicos y particulares sancionados;
  - IV. Sistema de información y comunicación del Sistema Nacional y del Sistema Nacional de Fiscalización;
  - V. Sistema de denuncias públicas de faltas administrativas y hechos de corrupción, y
  - VI. Sistema de Información Pública de Contrataciones.
- ***Auditorías de Control Interno.**
- ***Procesos de Fiscalización Superior.**

DECLARACIÓN PATRIMONIAL Y DE INTERESES:

Es un informe que los servidores públicos están obligados a presentar ante los órganos de control, con el objetivo de brindar detalle sobre su situación patrimonial y de posibles conflictos de interés, con el propósito de detectar posible enriquecimiento o incremento de bienes injustificados, y proceder a una investigación, que puede derivar en sanciones administrativas, o incluso penales (art. 32 LGRA).

CONSTANCIA DE PRESENTACIÓN DE DECLARACIÓN FISCAL ANTE EL SAT:

Se trata de la constancia que acredite que el servidor público ha declarado ante el Servicio de Administración Tributaria (SAT) los ingresos percibidos por operaciones efectuadas durante un periodo determinado, que generalmente es anual. Su objetivo es contrastar que los ingresos que percibe guarden congruencia con la Declaración Patrimonial rendida dentro del servicio público y verificar que su situación fiscal sea regular (art. 32 LGRA).

PLATAFORMA DIGITAL NACIONAL:

Es la base de datos a cargo de la Secretaría Ejecutiva del Sistema Nacional Anticorrupción, que contiene la información derivada de las declaraciones patrimonial, de intereses y fiscal presentada por los servidores públicos ; así como las constancias de sanciones o de inhabilitación en contra de los Servidores Públicos o particulares que hayan sido sancionados por actos vinculados con faltas graves en términos de la Ley General de Responsabilidades Administrativas (arts. 26 y 27 LGRA).

La Plataforma incluirá los nombres y adscripción de los Servidores Públicos que intervengan en procedimientos para contrataciones públicas y otorgamientos de una concesión, licencia, permiso o autorización y sus prórrogas, así como la enajenación de bienes muebles y aquellos que dictaminan en materia de avalúos (art. 43 LGRA).

La Plataforma también incluirá la relación de particulares, personas físicas y morales, que se encuentren inhabilitados para celebrar contratos con los entes públicos (art. 44 LGRA).

PROTOCOLO DE ACTUACIÓN EN MATERIA DE CONTRATACIONES PÚBLICAS:

Son los formatos-escritos que deben ser exigidos y formulados por los particulares que intervengan en procedimientos de contrataciones públicas, en el que manifiesten bajo protesta de decir verdad que no tienen vínculos o relaciones de negocios, personales o familiares, así como de posibles Conflictos de Interés, con los servidores públicos que intervienen o están a cargo de los procedimientos de contratación. (art. 44 LGRA).

SISTEMA NACIONAL DE TRANSPARENCIA Y ACCESO A LA INFORMACIÓN PÚBLICA:

Implica el derecho de los particulares a recibir información y la obligación correspondiente de las unidades de transparencia de los entes públicos a divulgar todos los datos necesarios de su actividad, mediante una Plataforma Nacional de Transparencia supervisada por el Instituto Nacional de Transparencia, Acceso a la Información y Protección de Datos Personales;

La transparencia es una forma de rendición de cuentas bajo control de la sociedad, ya que implica conocer el ejercicio de poder público, con el propósito de ejecutar tareas de monitoreo y vigilancia.

Debe precisarse que mediante Decreto por el que se reforman, adicionan y derogan diversas disposiciones de la Constitución Política de los Estados Unidos Mexicanos, en materia de simplificación orgánica, publicado el 20 de diciembre de 2024, se eliminó el Instituto Nacional de Transparencia, Acceso a la Información y Protección de Datos Personales (INAI), modificándose la fracción IV inciso a) del artículo 6 constitucional:

"IV. Se establecerán mecanismos de acceso a la información pública y procedimientos de revisión expeditos que se sustanciarán ante las instancias competentes en los términos que fija esta Constitución y las leyes."

Por lo cual, está en suspenso la definición de los nuevos mecanismos que operaran, previéndose que las funciones pasen a la Secretaría Anticorrupción y Buen Gobierno (antes Secretaría de la Función Pública), esquema que se repetirá en las entidades estatales.

EL CONTROL INTERNO:

El control interno gubernamental es el conjunto de medidas y procedimientos (intra orgánicos) a cargo de los órganos de control, que supervisan y verifican los actos y resultados de la gestión pública en las diferentes áreas administrativas, presupuestales, operativas y financieras de las entidades.

Su objetivo es evaluar la eficiencia, eficacia, transparencia y economía en el uso de los recursos y el cumplimiento de las normas legales. También se enfoca en prevenir riesgos y promover la rendición de cuentas.

LA FISCALIZACIÓN SUPERIOR:

Es el instrumento de la rendición de cuentas a cargo de órganos de fiscalización (federal y locales) dependientes de los respectivos congresos en el que, a través de un conjunto de procesos y procedimientos se revisa el uso de los recursos públicos y actos de gobierno, a fin de prevenir y disminuir actos de corrupción y, en su caso, sancionar las prácticas irregulares o ilícitas.

El procedimiento de fiscalización (extra orgánico) comprende la revisión, comprobación, evaluación y control de la gestión financiera de los entes fiscalizables que realizan anualmente para el cumplimiento de los objetivos contenidos en sus planes y programas; de conformidad con las leyes y demás disposiciones en la materia, y la consecuente presentación de resultados a los respectivos Congresos (federal o estatales).

Capítulo X

Autoridades competentes en materia de investigación y procedimientos de responsabilidades administrativas

Conforme al artículo 9 la LGRA (que es de observancia general en toda la República y aplicable a todos los órdenes de gobierno) son autoridades facultadas para aplicar las disposiciones en materia de responsabilidades administrativas:

- Las Dependencias anticorrupción o encargadas del control.
- Los Órganos internos de control.
- La Auditoría Superior de la Federación y las Entidades de fiscalización superior de las entidades federativas.
- Los Tribunales (Administrativos).
- Los Tribunales de Disciplina Judicial (antes Consejos de Judicatura) en los Poderes Judiciales Federal y Estatales.
- Las Unidades de Responsabilidades de las empresas productivas del Estado.

La investigación de las faltas administrativas siempre estará a cargo de las áreas de investigación de los órganos internos de control a quienes les competerá su inicio y substanciación y la determinación de la clasificación de las faltas administrativas.

Ver esquema siguiente.

COMPETENCIA EN EL PROCESO DE INVESTIGACIÓN DE FALTAS ADMINISTRATIVAS EN GENERAL (GRAVES Y NO GRAVES):

Competencia en el proceso de la investigación de faltas administrativas:

INVESTIGACIÓN → SUBSTANCIACIÓN → CALIFICACIÓN DE FALTAS ADMINISTRATIVAS → Compete a las áreas de investigación de los OIC → IPRA

Ahora bien, la competencia en los procedimientos de responsabilidad administrativa -que obviamente inician cuando previamente ha habido una investigación- **depende de la clase de faltas administrativas que se hayan determinado**:

COMPETENCIAS EN LOS PROCEDIMIENTOS DE RESPONSABILIDAD ADMINISTRATIVA:

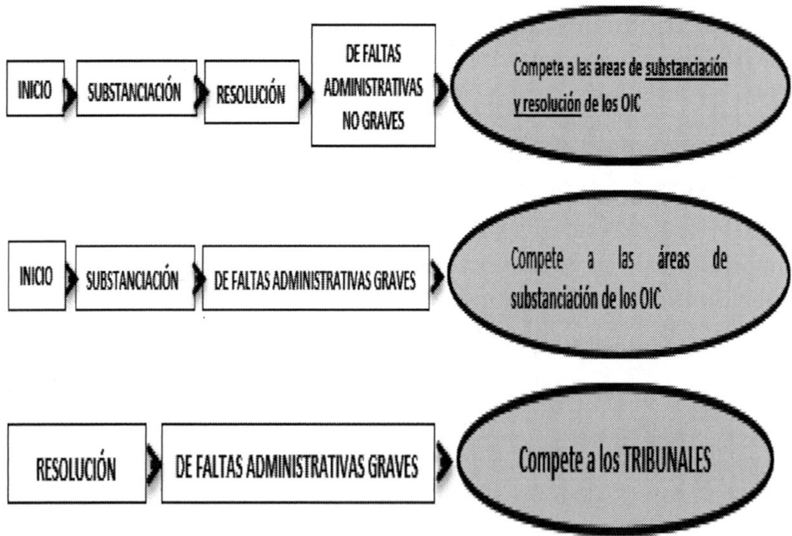

Capítulo XI

Faltas Administrativas: concepto y clasificación (no graves y graves)

Puede señalarse que las faltas administrativas son aquellos hechos, actos u omisiones de los servidores públicos que violan principios y directrices que rigen el servicio público y que pueden ocasionar daños y perjuicios (culposa, negligente o dolosa) a la Hacienda Pública o al patrimonio de un Ente público; por lo que deben ser objeto de investigación y de sanción, en caso de que se acredite la responsabilidad.

La Ley General de Responsabilidad Administrativa clasifica las faltas administrativas en No Graves y Graves (art. 3 fracciones XV, XVI y XVII) y señala cuales no son graves y cuales son graves; la diferencia estriba obviamente en la gravedad de las faltas, en la afrenta que representan para el Estado y la sociedad, **asociando las faltas graves con hechos de corrupción y abuso de poder**, resultando que muchas de estas faltas graves coinciden y también actualizan delitos en contra de la función pública.

Las Faltas administrativas no graves se establecen en los artículos 49 y 50 de la Ley General de Responsabilidades Administrativas, de los cuales se desprenden que son los actos u omisiones que transgreden o incumplen las obligaciones de los servidores públicos, siguientes:

1) Cumplir con las funciones, atribuciones y comisiones encomendadas, observando en su desempeño disciplina y respeto tanto a servidores públicos como a particulares, en los términos que establezcan los Códigos de Ética y de Conducta que le sean aplicables.

2) Denunciar los actos u omisiones que en ejercicio de sus funciones llegare a advertir, que puedan constituir faltas administrativas;

3) Atender las instrucciones de sus superiores, que sean acordes con las disposiciones relacionadas con el servicio público;

4) Presentar en tiempo y forma las declaraciones de situación patrimonial y de intereses;

5) Registrar, integrar, custodiar y cuidar la documentación e información que por razón de su empleo tenga bajo su responsabilidad e impedir su uso indebido;

6) Supervisar que las y los servidores públicos sujetos a su dirección, cumplan con las disposiciones del artículo 49 de la LGRA.

7) Rendir cuentas sobre el ejercicio de las funciones;

8) Colaborar en los procedimientos judiciales y administrativos en los que sea parte;

9) Cerciorarse antes de la celebración de contratos de adquisiciones, arrendamientos, servicios, obra pública o para la enajenación de todo tipo de bienes que el particular manifieste que no desempeña empleo o servicio público, o que de hacerlo no se actualice conflicto de interés al formalizar algún contrato;

10) Revisar previo a realizar cualquier acto jurídico que involucre el ejercicio de recursos públicos con personas jurídicas, su constitución y verificar que sus socios no incurran en conflicto de interés;

11) Causar daños y perjuicios (de manera culposa o negligente y sin incurrir en falta administrativa grave) a la Hacienda Pública o al patrimonio público.

Por su parte, las Faltas administrativas graves se establecen de los artículos 51 al 64 de la Ley General de Responsabilidades Administrativas.

Capítulo XII

Identificación de las faltas administrativas graves

Conforme al Capítulo II Título Tercero de la Ley General de Responsabilidades Administrativas (LGRA), las Faltas administrativas graves de los servidores públicos son las siguientes:

FALTAS ADMINISTRATIVAS GRAVES DE LOS SERVIDORES PÚBLICOS (Arts. 51 al 64 de la LGRA)	LEY GENERAL DE RESPONSABILIDADES ADMINISTRATIVAS
	*COHECHO (A. 52) *PECULADO (A. 53) *DESVÍO DE RECURSOS (A. 54) *UTILIZACIÓN INDEBIDA DE INFORMACIÓN (A. 55) *ABUSO DE FUNCIONES (A. 57) *CONFLICTO DE INTERÉS (A. 58) *CONTRATACIÓN INDEBIDA (A. 59) *ENRIQUECIMIENTO OCULTO (A. 60) *SIMULACIÓN DE ACTOS JURÍDICOS (A. 60 Bis) *TRÁFICO DE INFLUENCIAS (A. 61) *ENCUBRIMIENTO (A. 62) *DESACATO (A. 63) *NEPOTISMO (A. 63 Bis) *OBSTRUCCIÓN A LA JUSTICIA (A. 64) *VIOLACIONES A LAS DISPOSICIONES SOBRE FIDEICOMISOS (A. 64) *OMISIÓN DE ENTERAR LAS CUOTAS, APORTACIONES, CUOTAS SOCIALES O DESCUENTOS (A. 64 Ter)

1) **El Cohecho:** implica que un servidor público exija o acepte, por sí o a través de terceros, cualquier beneficio no comprendido en su remuneración como servidor público (art. 52 LGRA).

2) **El Peculado:** surge cuando un servidor público autoriza, solicita o realiza actos para usar o apropiarse de recursos públicos,

sin fundamento jurídico o en contraposición a las normas aplicables (art. 53 LGRA).

Diferencias entre cohecho y peculado:

*El cohecho implica una transacción corrupta entre un servidor público y un particular; el peculado implica el uso indebido de los recursos públicos por parte del propio funcionario.

*En el cohecho, el intercambio de favores o beneficios es clave, mientras que, en el peculado, la apropiación o desvío de recursos es la conducta central.

3) **El Desvío de recursos públicos:** surge cuando un servidor público autorice, solicite o realice actos para la asignación o desvío de recursos públicos, sin fundamento jurídico o en contraposición a las normas aplicables (art. 54 LGRA).

Se considerará desvío de recursos públicos: el otorgamiento o autorización, para sí o para otros, del pago de remuneraciones en contravención con los tabuladores aplicables; abarca pagos de jubilaciones, pensiones o haberes de retiro, liquidaciones por servicios prestados, préstamos o créditos que no estén previstos en ley, decreto legislativo, contrato colectivo, contrato ley o condiciones generales de trabajo.

Se conceptualiza como recursos públicos, los recursos materiales, humanos o financieros de los que disponga un servidor público.

4) **La Utilización indebida de información:** surge cuando un servidor público adquiere para sí o para terceros bienes inmuebles, muebles y valores pudieren incrementar su valor o, en general, que mejoren sus condiciones, así como obtener cualquier ventaja o beneficio privado, como resultado de información privilegiada de la cual haya tenido conocimiento (art. 55 LGRA).

5) **El Abuso de funciones:** surge cuando el servidor público ejerce atribuciones que no tiene conferidas, para realizar o inducir actos u omisiones arbitrarios, o para causar perjuicio a alguna persona o al servicio público (art. 57 LGRA).

6) **El Conflicto de Interés:** surge cuando un servidor público interviene por motivo de su empleo, en la atención, tramitación o resolución de asuntos en los que tenga conflicto de Interés o impedimento legal (art. 58 LGRA).

Entiéndase por conflicto de interés: la posible afectación del desempeño imparcial y objetivo de las funciones de los Servidores Públicos en razón de intereses personales, familiares o de negocios (art. 3° fracción VI LGRA)

7) **La Contratación indebida:** implica que un servidor público autorice cualquier tipo de contratación, de quien se encuentre impedido por disposición legal o inhabilitado para ocupar un empleo, en el servicio público; o inhabilitado para realizar contrataciones con los entes públicos (art. 59 LGRA).

Incurre también en responsabilidad administrativa, el servidor público que intervenga o promueva, por sí o por interpósita persona, en la selección, nombramiento o designación de personas para el servicio público en función de intereses de negocios.

8) **El Enriquecimiento oculto:** surge cuando el servidor público falta a la veracidad en la presentación de las declaraciones patrimonial o de intereses, que tenga como fin ocultar, respectivamente, el incremento en su patrimonio o el uso y disfrute de bienes o servicios que no sea explicable o justificable, o un conflicto de interés (art. 60 LGRA).

9) **La Simulación de actos jurídicos:** surge cuando el servidor público utiliza personalidad jurídica distinta a la suya para obtener, en beneficio propio o de algún familiar hasta el cuarto grado por consanguinidad o afinidad, recursos públicos en forma contraria a la ley (art. 60 Bis LGRA).

10) **El Tráfico de influencias:** se presenta cuando un servidor púbico utilice la posición que su empleo, para inducir a que otro servidor público efectúe, retrase u omita realizar algún acto de su competencia, para generar cualquier beneficio, provecho o ventaja para sí o para terceros (art. 61 LGRA).

11) **El Encubrimiento:** se da cuando un servidor público advierte actos u omisiones que pudieren constituir faltas administrativas, y aun así realice deliberadamente alguna conducta para su ocultamiento (art. 62 LGRA).

12) **El Desacato:** se presenta cuando el servidor público proporciona información falsa, no da respuesta alguna o retrasa deliberadamente y sin justificación la entrega de la información ante requerimientos o resoluciones de autoridades fiscalizadoras, de control interno, judiciales, electorales o en materia de defensa de los derechos humanos o cualquier otra competente, a pesar de que le hayan sido impuestas medidas de apremio conforme a las disposiciones aplicables (art. 63 LGRA).

13) **El Nepotismo:** lo comete el servidor público que, valiéndose de las atribuciones o facultades de su empleo, cargo o comisión, directa o indirectamente, designe, nombre o intervenga para que se contrate como personal de confianza, de estructura, de base o por honorarios en el ente público en que ejerza sus funciones, a personas con las que tenga lazos de parentesco por consanguinidad hasta el cuarto grado, de afinidad hasta el segundo grado, o vínculo de matrimonio o concubinato (art. 63 Bis LGRA).

14) **La Obstrucción de la justicia:** (art. 64 LGRA)surge cuando los Servidores Públicos responsables de la investigación, substanciación y resolución de las Faltas administrativas, realicen alguna de las actividades siguientes:

a. Realicen cualquier acto que simule conductas no graves durante la investigación de actos u omisiones calificados como graves en la LGRA y demás disposiciones aplicables;

b. No inicien el procedimiento correspondiente ante la autoridad competente, dentro del plazo de treinta días naturales, a partir de que tengan conocimiento de cualquier conducta que pudiera constituir una falta administrativa grave, faltas de particulares o un acto de corrupción, y

c. Revelen la identidad de un denunciante anónimo protegido bajo los preceptos establecidos en la LGRA.

15) **Las Violaciones a las disposiciones sobre fideicomisos establecidas en la Ley Federal de Austeridad Republicana** (art. 64 Bis LGRA).

16) **La Omisión de enterar las cuotas, aportaciones, cuotas sociales o descuentos ante el Instituto de Seguridad y Servicios Sociales de los Trabajadores del Estado** (art. 64 Ter LGRA).

Capítulo XIII

Actos de particulares vinculados con faltas administrativas graves

Al lado de las faltas administrativas graves y no graves de los servidores públicos, existen las Faltas de particulares: que son los actos de personas físicas o morales privadas vinculados con faltas administrativas graves y actos de particulares en situación especial.

Con el fin de desalentar los actos de corrupción y bajo la idea que **esta surge no solo del servidor público, sino también de la cooperación e inducción de los particulares**, la Constitución Política Federal establece en la fracción IV de su artículo 109 lo siguiente:

> "Los tribunales de justicia administrativa impondrán a los particulares que intervengan en actos vinculados con faltas administrativas graves, con independencia de otro tipo de responsabilidades, las sanciones económicas; inhabilitación para participar en adquisiciones, arrendamientos, servicios u obras públicas; así como el resarcimiento de los daños y perjuicios ocasionados a la Hacienda Pública o a los entes públicos federales, locales o municipales. Las personas morales serán sancionadas en los términos de esta fracción cuando los actos vinculados con faltas administrativas graves sean realizados por personas físicas que actúen a nombre o representación de la persona moral y en beneficio de ella. También podrá ordenarse la suspensión de actividades, disolución o intervención de la sociedad respectiva cuando se trate de faltas administrativas graves que causen perjuicio a la Hacienda Pública o a los entes públicos, federales, locales o municipales, siempre que la sociedad obtenga un beneficio económico y se acredite participación de sus órganos de administración, de vigilancia o de sus socios, o en aquellos casos que se advierta que la sociedad es utilizada de manera sistemática para vincularse con faltas administrativas graves; en estos supuestos la sanción se ejecutará hasta que la resolución sea definitiva. Las leyes establecerán los procedimientos para la investigación e imposición de las sanciones aplicables de dichos actos u omisiones."

En tal contexto los actos vinculados con faltas administrativas graves en que incurran los particulares, aun cuando no son servidores públicos, configuran una responsabilidad administrativa de los particulares frente al Estado.

La Ley General de Responsabilidades Administrativas establece un catálogo de actos de particulares que se consideran favorecen la comisión de faltas graves por parte de los servidores públicos, por lo cual adquieren el carácter de infracciones que son sujetos de sanción.

Estos actos de particulares son los siguientes:

ACTOS DE PARTICULARES VINCULADOS A FALTAS ADMINISTRATIVAS GRAVES
(Arts. 65 al 72 de la LGRA)

LEY GENERAL DE RESPONSABILIDADES ADMINISTRATIVAS:

***SOBORNO** (A. 66)
***PARTICIPACIÓN ILÍCITA EN PROCEDIMIENTOS ADMINISTRATIVOS** (A. 67)
***TRÁFICO DE INFLUENCIAS PARA INDUCIR A LA AUTORIDAD** (A. 68)
***UTILIZACIÓN DE INFORMACIÓN FALSA** (A. 69)
***OBSTRUCCIÓN DE FACULTADES DE INVESTIGACIÓN** (A. 69)
***COLUSIÓN** (A. 70)
***USO INDEBIDO DE RECURSOS PÚBLICOS** (A. 71)
***CONTRATACIÓN INDEBIDA DE EX SERVIDORES PÚBLICOS** (A. 72)

1) **El soborno:** Se configura cuando el particular promete, ofrece o entrega cualquier beneficio indebido a un servidor público, directamente o a través de terceros, para que realicen o se abstengan de realizar un acto relacionado con sus funciones.

2) **La participación ilícita en procedimientos administrativos:** Resulta cuando el particular participa en procedimientos administrativos federales, locales o municipales, no obstante que por disposición de ley o resolución de autoridad competente se encuentren impedido o inhabilitado para ello.

3) **El tráfico de influencias para inducir a la autoridad:** Acontece cuando el particular usa su influencia, poder económico o

político, real o ficticio, sobre un servidor público, con el propósito de obtener para sí o para un tercero un beneficio o ventaja, o para causar perjuicio a alguna persona o al servicio público, con independencia de la aceptación del servidor público o del resultado obtenido.

4) **La utilización de información falsa:** Se configura cuando el particular presenta documentación o información falsa o alterada, o simule el cumplimiento de requisitos o reglas establecidos en los procedimientos administrativos, con el propósito de lograr una autorización, un beneficio, una ventaja o de perjudicar a persona alguna.

5) **La obstrucción de facultades de investigación:** Se suscita cuando el particular proporciona información falsa, retrase deliberada e injustificadamente la entrega de la misma, o no da respuesta a los requerimientos o resoluciones de autoridades investigadoras, substanciadoras o resolutoras, teniendo medidas de apremio conforme a las disposiciones aplicables.

6) **La colusión:** Se presenta cuando el particular conviene con uno o más sujetos, ejecutar acciones en el ámbito de los procedimientos de contrataciones públicas que impliquen o tengan por objeto o efecto obtener un beneficio o ventaja indebidos en las contrataciones públicas de carácter federal, local o municipal.

7) **El uso indebido de recursos públicos:** Se configura cuando el particular realiza actos mediante los cuales se apropia, hace uso indebido o desvía del objeto para el que estén previstos, los recursos públicos (materiales, humanos o financieros) que por cualquier circunstancia: maneje, reciba, administre o tenga acceso a estos recursos. También se considera uso indebido de recursos públicos la omisión de rendir cuentas que comprueben el destino que se otorgó a dichos recursos.

8) **La contratación indebida de ex servidores públicos:** Acontece cuando el particular contrata a quien ha sido servidor público durante el año previo y posee información privilegiada (directamente adquirida con motivo de su empleo, cargo o comisión en

el servicio público) facilitando que el contratante se beneficie en el mercado o se coloque en situación ventajosa frente a sus competidores.

Capítulo XIV

Investigación de las faltas administrativas y sus formas de inicio

Queda claro que la Ley General de Responsabilidades Administrativas (LGRA), establece lo que constituye las Faltas Administrativas Graves y las No Graves y, en el capítulo Primero del Libro Segundo, del artículo 90 al 93, regula como debe iniciarse la investigación de dichas Faltas.

> Al efecto, el artículo 91 de la LGRA enuncia que: "La investigación por la presunta responsabilidad de Faltas administrativas iniciará de oficio, por denuncia o derivado de las auditorías practicadas por parte de las autoridades competentes o, en su caso, de auditores externos."

En el contexto de la norma, el inicio de la investigación de faltas administrativas sigue la dinámica que se visualiza en el esquema siguiente:

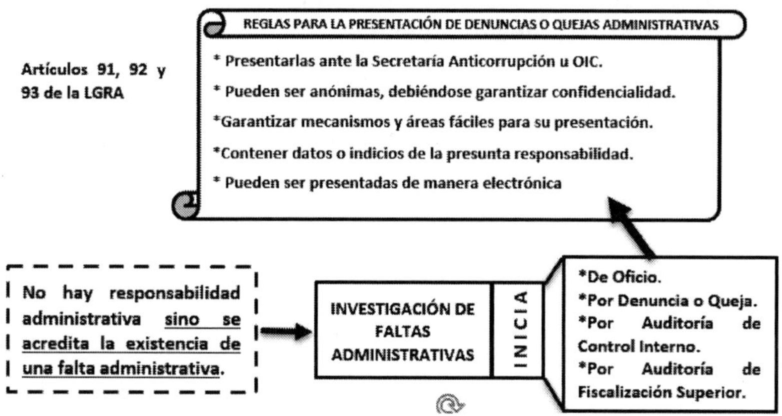

Debe comentarse que el artículo 94 de la LGRA regula por supuesto la obligación de oficio de la autoridad competente de iniciar investigaciones para detectar faltas administrativas, y que la LGRA no faculta a la autoridad para negarse a iniciar investigaciones, incluso la LGRA no señala recurso administrativo contra dicho supuesto, por lo que en mi opinión es ilegal cuando la autoridad se niega a iniciar investigaciones. Esto a contrario de la facultad que el artículo 101 de la LGRA **sí otorga** a la autoridad substanciadora de abstenerse de iniciar el Procedimiento de Responsabilidad Administrativa y/o a la autoridad resolutora de abstenerse de imponer sanciones administrativas a un servidor público

Por lo que es obligatorio para la autoridad el iniciar investigaciones y si acontece que no hay elementos que hagan probable la existencia del hecho o acto denunciado y la presunta responsabilidad del sujeto denunciado o señalado, cerrar la investigación acordando su conclusión y archivo y notificarlo a la parte interesada.

No hay razón para no iniciar una investigación cuando se han aportado datos o indicios (**que no pruebas**, porque la carga de la prueba es obligación de la autoridad investigadora, quien debe recabar y aportar las pruebas) y estos seguramente se contienen en la mayoría de las denuncias, quejas o informes de auditoría o fiscalización. Por ende, contra dicha negativa que afecta derechos humanos porque deja en estado de indefensión procede el amparo indirecto ante tribunales federales.

Capítulo XV

Procedimiento de investigación, determinación y calificación de faltas administrativas

Conforme a la LGRA, el esquema del proceso de investigación de faltas administrativas es el siguiente:

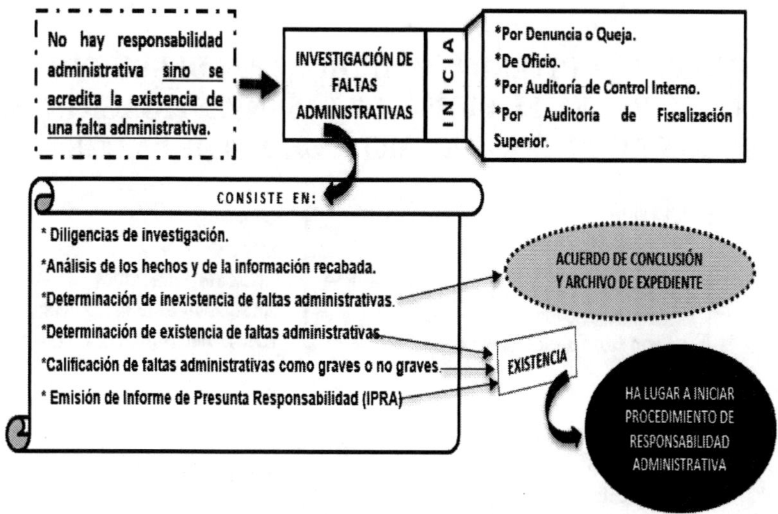

Lo anterior se desprende del artículo 100 de la LGRA que señala lo siguiente:

> "Concluidas las diligencias de investigación, las autoridades investigadoras procederán al análisis de los hechos, así como de la información recabada, a efecto de determinar la existencia o inexistencia de actos u omisiones que la ley señale como falta administrativa y, en su caso, calificarla como grave o no grave.
>
> Una vez calificada la conducta en los términos del párrafo anterior, se incluirá la misma en el Informe de Presunta Responsabilidad Administrativa y este se presentará ante la autoridad substanciadora a efecto de iniciar el procedimiento de responsabilidad administrativa.

Si no se encontraren elementos suficientes para demostrar la existencia de la infracción y la presunta responsabilidad del infractor, se emitirá un acuerdo de conclusión y archivo del expediente…"

La calificación de las faltas administrativas realizada por la autoridad investigadora podrá ser impugnada por el denunciante, mediante el recurso de inconformidad (102 LGRA).

Ahora bien, el procedimiento de investigación y calificación de faltas administrativas debe apegarse a las reglas dispuestas por la LGRA y demás disposiciones aplicables. Entre las cuales se encuentran las siguientes:

PRINCIPIOS, CRITERIOS Y MEDIOS QUE DEBEN GUIAR Y UTILIZARSE EN EL CURSO DE LAS INVESTIGACIONES, SEGÚN LO DISPONE EL ARTÍCULO 90 DE LA LGRA:

Cualquier investigación que vaya en contra de los principios y criterios establecidos por la LGRA es susceptible de ser invalidada.

DEBIDA MOTIVACIÓN Y FUNDAMENTACIÓN DE LAS AUDITORÍAS, INVESTIGACIONES Y REQUERIMIENTOS QUE SE REALICEN EN EL CURSO DE LAS INVESTIGACIONES, SEGÚN LO DISPONEN LOS ARTÍCULOS 94 Y 96 DE LA LGRA:

En respeto al derecho humano dispuesto en el artículo 16 de la Constitución Federal, de que nadie puede ser molestado por acto de autoridad que no provenga de autoridad competente que funde y motive la causa legal del procedimiento, la LGRA dispone claramente que las investigaciones de las faltas administrativas no solamente deben estar motivadas y fundamentadas, sino que deben estar debidamente motivadas y fundamentadas:

> "Artículo 94.- Las Autoridades investigadoras llevarán de oficio las auditorías o investigaciones **debidamente fundadas y motivadas** respecto de las conductas de los Servidores Públicos y particulares que puedan constituir responsabilidades administrativas en el ámbito de su competencia."
>
> "Art. 96.- Las personas físicas o morales, públicas o privadas, que sean sujetos de investigación por presuntas irregularidades cometidas en el ejercicio de sus funciones, deberán atender los requerimientos que, **debidamente fundados y motivados**, les formulen las autoridades investigadoras."

Del citado artículo 96 se deriva que las personas físicas o morales, públicas o privadas, solo están obligadas a atender los requerimientos que se encuentren debidamente fundados y motivados, resultando que los actos de autoridad que no satisfagan tales condiciones son susceptibles de ser impugnados e invalidados hasta en tanto no se subsanen dichas deficiencias. Ahora bien, dicha omisión no puede ser combatida con ninguno de los recursos que contempla la LGRA porque simplemente no se encuentra dentro de los extremos de los supuestos recurribles, lo que obliga a combatirla a través del Juicio de Amparo indirecto.

CARGA DE LA PRUEBA PARA DEMOSTRAR LA EXISTENCIA DE FALTAS ADMINISTRATIVAS, SEGÚN LO DISPONE EL ARTÍCULO 135 DE LA LGRA:

El artículo 135 de la LGRA dispone que las autoridades investigadoras tienen la carga de la prueba para demostrar la veracidad de los hechos que demuestren la existencia de faltas administrativas y que quienes sean señalados como presuntos responsables de una falta administrativa no estarán obligados a confesar su responsabilidad, ni a declarar en su contra, por lo que su silencio no deberá ser considerado como prueba o indicio de su responsabilidad en la comisión de los hechos que se le imputan.

NO OPONIBILIDAD DE LA SECRECÍA PARA LAS ACTIVIDADES DE INVESTIGACIÓN DE RESPONSABILIDAD ADMINISTRATIVA

El artículo 109 de la Constitución Política Federal establece que a los órganos responsables de la investigación de responsabilidades administrativas y hechos de corrupción no les serán oponibles las disposiciones dirigidas a proteger la secrecía de la información en materia fiscal o la relacionada con operaciones de depósito, administración, ahorro e inversión de recursos monetarios.

MEDIDAS DE APREMIO CON LAS QUE CUENTAN LAS AUTORIDADES INVESTIGADORAS, SEGÚN LO DISPONE EL ARTÍCULO 97 DE LA LGRA:

"Artículo 97. Las autoridades investigadoras podrán hacer uso de las siguientes medidas para hacer cumplir sus determinaciones:
I. Multa hasta por la cantidad equivalente de cien a ciento cincuenta veces el valor diario de la Unidad de Medida y Actualización, la cual podrá duplicarse o triplicarse en cada ocasión, hasta alcanzar dos mil veces el valor diario de la Unidad de Medida y

> Actualización, en caso de renuencia al cumplimiento del mandato respectivo;
> II. Solicitar el auxilio de la fuerza pública de cualquier orden de gobierno, los que deberán de atender de inmediato el requerimiento de la autoridad, o
> III. Arresto hasta por treinta y seis horas."

De lo anterior se deriva que, si derivado de las diligencias de investigación, la autoridad investigadora determina que existen faltas administrativas, debe procederse a calificarlas (como graves o no graves) y a emitir el Informe de Presunta Responsabilidad (IPRA) correspondiente.

Capítulo XVI

El informe de presunta responsabilidad administrativa (IPRA)

El Informe de Presunta Responsabilidad Administrativa (IPRA) que emite la autoridad investigadora, **es la llave que abre la puerta para el fincamiento de responsabilidades administrativas a los servidores públicos** y, que también puede dar paso a la responsabilidad penal.

La admisión del IPRA por parte de la autoridad substanciadora debe proceder dentro de los tres días hábiles siguientes a la fecha en que le sea presentado por la autoridad substanciadora, según lo dispone la fracción del artículo 208 de la LGRA:

> "Artículo 208. En los asuntos relacionados con Faltas administrativas no graves, se deberá proceder en los términos siguientes:
> I. La Autoridad investigadora deberá presentar ante la Autoridad substanciadora el Informe de Presunta Responsabilidad Administrativa, la cual, dentro de los tres días siguientes se pronunciará sobre su admisión, pudiendo prevenir a la Autoridad investigadora para que subsane las omisiones que advierta, o que aclare los hechos narrados en el informe;"

CONTENIDO DEL INFORME DE PRESUNTA RESPONSABILIDAD ADMINISTRATIVA, SEGÚN LO DISPONE EL ARTÍCULO 194 DE LA LGRA:

> "Artículo 194. El Informe de Presunta Responsabilidad Administrativa será emitido por las Autoridades investigadoras, el cual deberá contener los siguientes elementos:
> I. El nombre de la Autoridad investigadora;
> II. El domicilio de la Autoridad investigadora para oír y recibir notificaciones;
> III. El nombre o nombres de los funcionarios que podrán imponerse de los autos del expediente de responsabilidad administrativa

por parte de la Autoridad investigadora, precisando el alcance que tendrá la autorización otorgada;
IV. El nombre y domicilio del servidor público a quien se señale como presunto responsable, así como el Ente público al que se encuentre adscrito y el cargo que ahí desempeñe. En caso de que los presuntos responsables sean particulares, se deberá señalar su nombre o razón social, así como el domicilio donde podrán ser emplazados;
V. La narración lógica y cronológica de los hechos que dieron lugar a la comisión de la presunta Falta administrativa;
VI. La infracción que se imputa al señalado como presunto responsable, señalando con claridad las razones por las que se considera que ha cometido la falta;
VII. Las pruebas que se ofrecerán en el procedimiento de responsabilidad administrativa; para acreditar la comisión de la Falta administrativa, y la responsabilidad que se atribuye al señalado como presunto responsable, debiéndose exhibir las pruebas documentales que obren en su poder, o bien, aquellas que, no estándolo, se acredite con el acuse de recibo correspondiente debidamente sellado, que las solicitó con la debida oportunidad;
VIII. La solicitud de medidas cautelares, de ser el caso, y
IX. Firma autógrafa de Autoridad investigadora."

PREVENCIÓN PARA SUBSANAR INCONSISTENCIAS EN EL INFORME DE PRESUNTA RESPONSABILIDAD ADMINISTRATIVA, SEGÚN LO DISPONE EL ARTÍCULO 195 DE LA LGRA:

El artículo 195 enuncia que: "En caso de que la Autoridad substanciadora advierta que el Informe de Presunta Responsabilidad Administrativa adolece de alguno o algunos de los requisitos señalados en el artículo anterior, o que la narración de los hechos fuere obscura o imprecisa, prevendrá a la Autoridad investigadora para que los subsane en un término de tres días. En caso de no hacerlo se tendrá por no presentado dicho informe, sin perjuicio de que la Autoridad investigadora podrá presentarlo nuevamente siempre que la sanción prevista para la Falta administrativa en cuestión no hubiera prescrito.

Capítulo XVII

El procedimiento de responsabilidad administrativa (consideraciones generales)

El artículo 112 de la LGRA establece que "El procedimiento de responsabilidad administrativa dará inicio cuando las autoridades substanciadoras, en el ámbito de su competencia, admitan el Informe de Presunta Responsabilidad Administrativa."

En lo general, el procedimiento de responsabilidad administrativa es el siguiente:

a) Solicitud de inicio del procedimiento de responsabilidad Administrativa y presentación del Informe de Presunta Responsabilidad Administrativa de la autoridad investigadora ante la autoridad substanciadora.

b) Acuerdo de admisión de IPRA e inicio de investigación de presunta responsabilidad administrativa por parte de la autoridad substanciadora.

c) Emplazamiento del presunto responsable a la audiencia inicial.

d) Declaración y ofrecimiento de pruebas por el presunto responsable.

e) Cierre de la audiencia inicial y acuerdo de admisión de pruebas

f) Preparación y desahogo de pruebas y formulación de alegatos.

g) Remisión de expediente a la autoridad resolutora.

h1) Procedimiento ante la autoridad resolutora del Órgano Interno de Control, tratándose de faltas no graves o, h2) Procedimiento ante los Tribunales (Estatal o Federal) Justicia Administrativa, tratándose de faltas graves.

i) Cierre de la instrucción y citación para resolución

No obstante, debe precisarse que el procedimiento de responsabilidad administrativa tiene características muy peculiares que es necesario identificar para comprender su naturaleza, alcance y efectos. A continuación, las procuramos resaltar:

LAS FALTAS ADMINISTRATIVAS SEGÚN SU GRAVEDAD, SE RESUELVEN POR ÓRGANOS DISTINTOS

Es importante identificar que el procedimiento de responsabilidad administrativa tiene connotaciones procedimentales diferentes, según se trate de substanciar y resolver la probable existencia de faltas administrativas graves o las no graves.

Es así como el procedimiento de investigación, substanciación y resolución de faltas administrativas no graves, compete enteramente a las Secretarías (encargadas del control o combate a la corrupción), o a los Órganos Interno de Control o a las Entidades de Fiscalización Superior (federal y locales). Esto significa que las faltas administrativas no graves tienen una gestión intra orgánica, y su castigo se realiza dentro del ámbito del órgano administrativo donde se originó.

Mas, sin embargo, tratándose de faltas administrativas graves la investigación y substanciación compete a los órganos antes citados, **pero la resolución queda baja la responsabilidad de tribunales administrativos o disciplinarios**. Lo que significa que las faltas administrativas graves alcanzan una gestión extra orgánica, pues su castigo se realiza por los tribunales, fuera del ámbito del órgano administrativo donde se originó.

ES UN PROCEDIMIENTO ADMINISTRATIVO QUE PUEDE DERIVAR EN JUICIO

Por lo anterior, en tanto las faltas administrativas no graves son enteramente sujetas de un procedimiento administrativo de responsabilidad, no sucede lo mismo con las faltas administrativas graves que se inician con un procedimiento administrativo (investigación y substanciación) a cargo de un órgano administrativo o de fiscalización, pero concluye (resolución) en un juicio de responsabilidad ante tribunales administrativos o disciplinarios.

LA SUBSTANCIACIÓN Y RESOLUCIÓN DE LOS PROCEDIMIENTOS DE RESPONSABILIDAD NO PUEDE RECAER EN EL MISMO ÓRGANO QUE HIZO LA INVESTIGACIÓN

Otro aspecto procedimental importante de resaltar es que las autoridades encargadas de la substanciación y/o resolución del procedimiento de responsabilidad administrativa, nunca podrán ser las mismas que llevaron a cabo la investigación, así lo dispone el artículo 115 de la LGRA:

> "Artículo 115. La autoridad a quien se encomiende la substanciación y, en su caso, resolución del procedimiento de responsabilidad administrativa, deberá ser distinto de aquél o aquellos encargados de la investigación."

SUPLETORIEDAD A LA LEY GENERAL DE RESPONSABILIDADES ADMINISTRATIVAS:

Aun cuando la LGRA es el ordenamiento principal sobre el que giran los procedimientos de responsabilidad administrativa, admiten supletoriedad regulatoria:

> "Artículo 118. En lo que no se oponga a lo dispuesto en el procedimiento de responsabilidad administrativa, será de aplicación supletoria lo dispuesto en la Ley Federal de Procedimiento Con-

tencioso Administrativo o las leyes que rijan en esa materia en las entidades federativas, según corresponda."

PLAZOS HÁBILES EN EL PROCEDIMIENTO DE RESPONSABILIDAD ADMINISTRATIVA

El artículo 119 de la LGRA estipula que en los procedimientos de responsabilidad administrativa se estimarán como días hábiles todos los del año, con excepción de aquellos días que, por virtud de ley, algún decreto o disposición administrativa, se determine como inhábil, durante los que no se practicará actuación alguna. Serán horas hábiles las que medien entre las 9:00 y las 18:00 horas. Las autoridades substanciadoras o resolución del asunto, podrán habilitar días y horas inhábiles para la práctica de aquellas diligencias que, a su juicio, lo requieran.

MEDIDAS DE APREMIO CON LAS QUE CUENTAN LAS AUTORIDADES SUBSTANCIADORAS, SEGÚN LO DISPONE EL ARTÍCULO 120 DE LA LGRA:

"Artículo 120. Las autoridades substanciadoras o resolutoras, podrán hacer uso de los siguientes medios de apremio para hacer cumplir sus determinaciones:

I. Multa de cien a ciento cincuenta veces el valor diario de la Unidad de Medida y Actualización, la cual podrá duplicarse o triplicarse en cada ocasión, hasta alcanzar dos mil veces el valor diario de la Unidad de Medida y Actualización, en caso de renuencia al cumplimiento del mandato respectivo;
II. Arresto hasta por treinta y seis horas, y
III. Solicitar el auxilio de la fuerza pública de cualquier orden de gobierno, los que deberán de atender de inmediato el requerimiento de la autoridad."

ABSTENCIÓN DE INICIAR EL PROCEDIMIENTO DE RESPONSABILIDAD ADMINISTRATIVA

El artículo 101 LGRA señala que las autoridades substanciadoras se abstendrán de iniciar el procedimiento de responsabilidad administrativa previsto en esta Ley, cuando de las investigaciones practicadas, adviertan que no existe daño ni perjuicio a la Hacienda Pública o al patrimonio de los entes públicos y que se actualiza alguna de las siguientes hipótesis:

I. Que la actuación del servidor público, en la atención, trámite o resolución de asuntos a su cargo, esté referida a una cuestión de criterio o arbitrio opinable o debatible, en la que válidamente puedan sustentarse diversas soluciones, siempre que la conducta o abstención no constituya una desviación a la legalidad y obren constancias de los elementos que tomó en cuenta el Servidor Público en la decisión que adoptó, o

II. Que el acto u omisión fue corregido o subsanado de manera espontánea por el servidor público o implique error manifiesto y en cualquiera de estos supuestos, los efectos que, en su caso, se hubieren producido, desaparecieron.

La abstención podrá ser impugnada por el Denunciante, mediante el recurso de inconformidad (102 LGRA).

NO OPONIBILIDAD DE LA SECRECÍA PARA LAS ACTIVIDADES DE SANCIÓN DE RESPONSABILIDAD ADMINISTRATIVA

El artículo 109 de la Constitución Política Federal establece que a los órganos responsables de la sanción de responsabilidades administrativas y hechos de corrupción no les serán oponibles las disposiciones dirigidas a proteger la secrecía de la información en materia fiscal o la relacionada con operaciones de depósito, administración, ahorro e inversión de recursos monetarios.

Capítulo XVIII

El procedimiento de responsabilidad administrativa por faltas no graves

El artículo 208 de la LGRA establece el procedimiento de responsabilidad administrativa que se desprende de la determinación de existencia de faltas administrativas NO GRAVES, mismo que corre a cargo de las Secretarías (de control o combate a la corrupción) o de los Órganos Interno de Control:

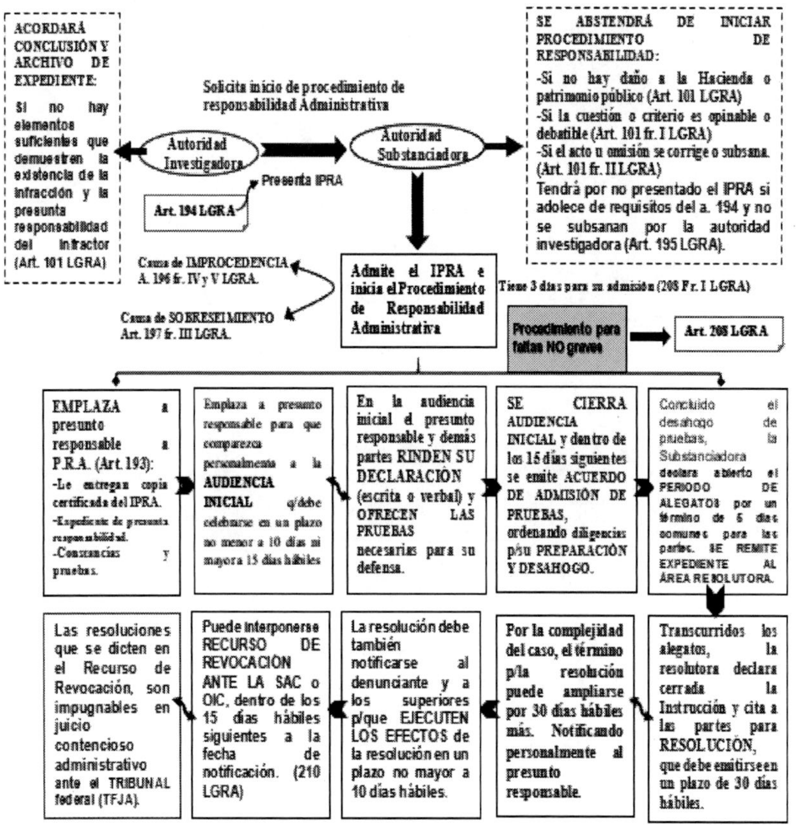

Capítulo XIX

El juicio de responsabilidad administrativa por faltas graves ante los tribunales disciplinarios o de justicia administrativa

De los artículos 11, 208 (fracciones I a la VII) y 209 de la LGRA regulan el procedimiento de responsabilidad administrativa que se desprende de la determinación de existencia de faltas administrativas GRAVES:

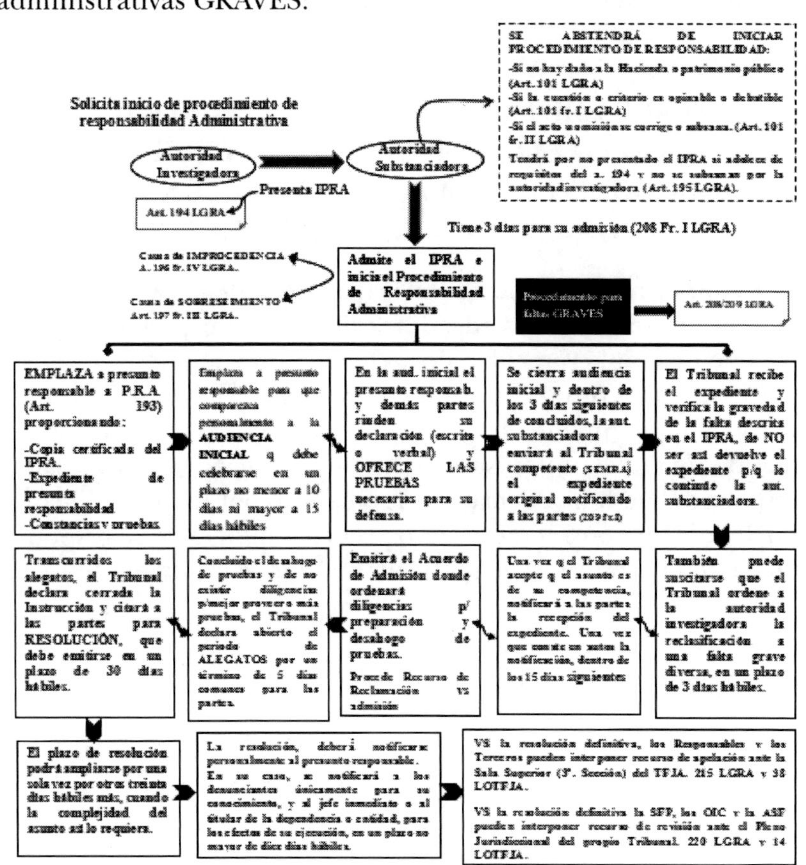

Dicho procedimiento corre a cargo de las Secretarías encargadas del control o combate a la corrupción, de los Órganos Interno de Control o de los Órganos de Fiscalización: **en cuanto a las fases de investigación y substanciación.**

Compete a los Tribunales Administrativos o de Disciplina Judicial: **en cuanto a la fase de resolución y sanción**. Al efecto, el artículo 38 inciso a) fracción II de la Ley Orgánica del Tribunal Federal de Justicia Administrativa, señala la facultad de Salas Especializadas en materia de Responsabilidades Administrativas, para imponer sanciones que correspondan a los servidores públicos y particulares, personas físicas o morales, que intervengan en actos vinculados con faltas administrativas graves.

CARGA DE LA PRUEBA PARA DEMOSTRAR LA EXISTENCIA DE LA RESPONSABILIDAD ADMINISTRATIVA IMPUTADA, SEGÚN LO DISPONE EL ARTÍCULO 135 DE LA LGRA:

Es importante resaltar que el artículo 135 de la LGRA dispone que las autoridades investigadoras tienen la carga de la prueba para demostrar la veracidad de los hechos que demuestren la existencia de faltas administrativas y la responsabilidad administrativa, por lo que quienes sean señalados como presuntos responsables de una falta administrativa no están obligados a confesar su responsabilidad, ni a declarar en su contra, por lo que su silencio no deberá ser considerado como prueba o indicio de su responsabilidad en la comisión de los hechos que se le imputan.

Capítulo XX

El procedimiento de responsabilidad por faltas administrativas que se derivan del proceso de fiscalización superior

Ahora bien, es importante aclarar que el procedimiento administrativo de responsabilidad que se origina a raíz de los procesos de fiscalización superior, también se basan en la LGRA; resultando que si de los informes de resultados de fiscalización a las cuentas públicas, se derivan observaciones que *-no habiendo sido solventadas-* identifican posibles faltas administrativas y se disponga la sustanciación de procedimientos de responsabilidad, estos deben orientarse según la naturaleza de las faltas administrativas observadas:

- Observaciones de carácter administrativo.
- Observaciones de presunto daño patrimonial.
- Observaciones de faltas administrativas graves.
- Observaciones de faltas administrativas no graves.

En tal contexto, las observaciones administrativas que no impliquen daño patrimonial son turnadas por la Auditoría Superior de la Federación (ASF) a los Órganos Internos de Control de los Entes Fiscalizados, para que en términos de la LGRA y demás disposiciones aplicables, instruyan los procedimientos de investigación respectivos y, en su caso, incoen el Procedimiento de Responsabilidades Administrativas e impongan las sanciones administrativas correspondientes.

En las observaciones en las que se determine un probable daño patrimonial, la ASF, a través de su Área de Investigación, llevará a cabo el procedimiento de investigación respectivo, realizando la calificación de las conductas de quienes intervinieron en la posible falta y lleve a cabo la clasificación de la misma en no grave o grave.

En caso de determinarse falta no grave, se turnará el expediente respectivo junto con su Informe de Presunta Responsabilidad al Órgano Interno de Control del Ente Fiscalizable correspondiente, para que instruya el Procedimiento de Responsabilidad e imponga las sanciones a que haya lugar.

En el supuesto de que la calificación de la conducta sea grave, el expediente junto con el Informe de Presunta Responsabilidad Administrativa, se turnará al Área de Substanciación de la ASF para que dé inicio al Procedimiento de Responsabilidad Administrativa, de conformidad con la Ley General de Responsabilidades Administrativas y demás disposiciones aplicables, mediante la correspondiente Audiencia Inicial.

Concluida la Audiencia Inicial, se turnará el expediente con todas las actuaciones practicadas y las pruebas recabadas en dicha Audiencia Inicial, al Tribunal Federal de Justicia Administrativa para que en calidad de autoridad resolutora continúe el procedimiento y, en su caso, imponga las sanciones administrativas que deriven por las faltas graves y el daño patrimonial determinado.

Ver el esquema siguiente:

El artículo 38 inciso a) fracción I de la Ley Orgánica del Tribunal Federal de Justicia Administrativa, señala la facultad de Salas Especializadas en materia de Responsabilidades Administrativas, para resolver respecto de las faltas administrativas graves, investigadas y substanciadas por la Auditoría Superior de la Federación, ya sea que el procedimiento se haya seguido por denuncia, de oficio o derivado de las auditorías practicadas.

En paralelo al Procedimiento de Responsabilidad Administrativa, la ASF a través de su Unidad de Asuntos Jurídicos o Dirección General Jurídica, formulará ante la Fiscalía Especializada en materia de Delitos relacionados con Hechos de Corrupción, adscrita a la Fiscalía General de la República, las denuncias penales correspondientes, por el probable daño patrimonial determinado.

Lo anterior, se encuentra dispuesto en el artículo 11 de la LGRA:

> "Artículo 11. La Auditoría Superior y las Entidades de fiscalización superior de las entidades federativas serán competentes para investigar y substanciar el procedimiento por las faltas administrativas graves.
> En caso de que la Auditoría Superior y las Entidades de fiscalización superior de las entidades federativas detecten posibles faltas administrativas no graves darán cuenta de ello a los Órganos internos de control, según corresponda, para que continúen la investigación respectiva y promuevan las acciones que procedan.
> En los casos en que, derivado de sus investigaciones, acontezca la presunta comisión de delitos, presentarán las denuncias correspondientes ante el Ministerio Público competente."

Por lo cual resulta aconsejable revisar y conocer tanto la normativa y los procesos administrativos de la ASF y de los entes fiscalizadores locales, según sea el caso.

Capítulo XXI
Las sanciones por faltas administrativas

El motivo primordial de la imposición de sanciones por faltas administrativas a servidores públicos y particulares en términos de lo dispuesto en la LGRA, es perseguir, minimizar e incluso erradicar, los actos relacionados con temas de corrupción, así como el fortalecimiento de las instituciones públicas, debido a que se trata de un virus que ha infectado a esta y muchas sociedades, por la falta de aplicación de valores cívicos y compromiso con las actividades diarias desempeñadas por aquellos en los que fue conferida una responsabilidad ante el Estado.

Antes de entrar al estudio de los tipos de sanciones que derivan del sistema de responsabilidades administrativas, es importante aclarar que las sanciones teóricamente se clasifican en disciplinarias y resarcitorias.

La sanción disciplinaria tiene la finalidad imponer un escarmiento a los servidores públicos que, en ejercicio de sus funciones, lleven a cabo una actuación indebida que configure la existencia de una falta administrativa de la cual deriva la pretensión punitiva o sancionadora.

Por su parte, la sanción resarcitoria, tiene como objeto restituir a la hacienda pública y al patrimonio de los entes públicos el monto de los daños y perjuicios estimables en dinero que se les hayan causado, con el fin de dejar indemne el patrimonio del Estado, a través de una indemnización fijada por el Tribunal que debe pagar el servidor público.

Entiéndase como daños y perjuicios a la Hacienda Pública o al patrimonio de los entes públicos: cualquier acción u omisión que afecte negativamente los recursos económicos o materiales del gobierno o de sus organismos. Esto puede incluir pérdidas de dinero, mal uso de bienes públicos, fraudes, negligencias, actos de corrupción o incluso decisiones administrativas que resulten perjudiciales para el presupuesto o el patrimonio del Estado.

Debe precisarse que la responsabilidad resarcitoria se puede declarar de tres maneras:

1. Directamente a los servidores públicos o particulares que hayan ejecutado directamente la conducta dañosa;
2. Subsidiariamente al servidor público jerárquicamente inmediato que, con dolo, culpa o negligencia, hubiere omitido la revisión o autorización de los actos dañosos; y
3. Solidariamente a los particulares (personas físicas o morales) que hayan participado con los servidores públicos en actos que hubieren originado una responsabilidad resarcitoria.

Las sanciones resarcitorias tendrán el carácter de créditos fiscales y se podrán hacer efectivas mediante el procedimiento administrativo de ejecución. Los recursos recuperados se habrán de dirigir a las tesorerías o áreas de recursos financieros de las entidades fiscalizadas que sufrieron el daño o perjuicio.

A) SANCIONES POR FALTAS ADMINISTRATIVAS NO GRAVES (75 LGRA):

- Amonestación.
- Suspensión del empleo, cargo o comisión, que podrá ser de uno a treinta días naturales.
- Destitución de su empleo, cargo o comisión.
- Inhabilitación temporal para desempeñar empleos, cargos o comisiones en el servicio público, ésta no será menor de tres meses ni podrá exceder de un año.
- Inhabilitación temporal para participar en adquisiciones, arrendamientos, servicios u obras públicas.

Corresponde imponer dichas sanciones a las Secretarías (encargadas de las funciones anticorrupción y/o del control administrativo) y los Órganos internos de control, quienes podrán imponer una o más de las sanciones administrativas señaladas, siempre y cuando sean compatibles entre ellas y de acuerdo a la trascendencia de la Falta administrativa no grave.

B) SANCIONES POR FALTAS ADMINISTRATIVAS GRAVES (78 LGRA):

- Suspensión del empleo, cargo o comisión, podrá ser de treinta a noventa días naturales.
- Destitución de su empleo, cargo o comisión.
- Inhabilitación temporal para desempeñar empleos, cargos o comisiones en el servicio público; o para participar en adquisiciones, arrendamientos, servicios u obras públicas:

  -De 1 hasta 10 años si el monto de la afectación no excede de 200 UMAS.

  -De 10 a 20 años si el monto de la afectación no excede de 200 UMAS.

  -Cuando no se causen daños o perjuicios, ni exista beneficio o lucro alguno, se podrán imponer de 3 meses a 1 año de inhabilitación.

  Se precisa que el equivalente a 200 UMAS en 2025, es un importe de $22,628.00.

- Sanción económica (79 LGRA): si la falta le genera beneficios económicos, se le impondrá sanción económica que podrá alcanzar hasta dos tantos de los beneficios obtenidos. En ningún caso la sanción económica que se imponga podrá ser menor o igual al monto de los beneficios económicos obtenidos.

Lo anterior, sin perjuicio de la imposición de las sanciones antes relacionadas.

- Indemnización: si la Falta provoca daños y perjuicios a la Hacienda Pública o al patrimonio de los entes públicos, el servidor público estará obligado a reparar la totalidad de los daños y perjuicios causados (las personas que, en su caso, también hayan obtenido un beneficio indebido, serán solidariamente responsables).

c) Sanciones por actos de particulares vinculados a faltas administrativas graves:

c1) Sanciones para personas físicas (81 fr I LGRA):

*Sanción económica que podrá alcanzar hasta dos tantos de los beneficios obtenidos o, en caso de no haberlos obtenido, por el equivalente a la cantidad de 100 hasta150,000 UMAS (de $11,314.00 a $16'971,000).

*Inhabilitación temporal para participar en adquisiciones, arrendamientos, servicios u obras públicas, por un periodo que no será menor de tres meses ni mayor de ocho años.

*Indemnización por daños y perjuicios a la Hacienda Pública y al Patrimonio de los entes públicos.

c2) Sanciones para personas morales (81 fr. II LGRA):

- Sanción económica que podrá alcanzar hasta dos tantos de los beneficios obtenidos, en caso de no haberlos obtenido, por el equivalente a la cantidad de mil hasta un millón quinientas mil veces UMAS (de $113,140.00 a $169'710,000).
- Inhabilitación temporal para participar en adquisiciones, arrendamientos, servicios u obras públicas, por un periodo que no será menor de tres meses ni mayor de diez años.
- Suspensión de actividades, por un periodo que no será menor de tres meses ni mayor de tres años.
- Disolución de la sociedad.

- Indemnización por daños y perjuicios a la Hacienda Pública y al Patrimonio de los entes públicos

BENEFICIO DE REDUCCIÓN DE SANCIONES POR CONFESIÓN DE RESPONSABILIDAD (88 Y 89 LGRA):

La LGRA contempla la viabilidad de que los servidores públicos o personas físicas sujetas de responsabilidad administrativa puedan reducir sus sanciones conforme a los supuestos siguientes:

> "Artículo 88. La persona que haya realizado alguna de las Faltas administrativas graves o Faltas de particulares, o bien, se encuentre participando en su realización, podrá confesar su responsabilidad con el objeto de acogerse al beneficio de reducción de sanciones que se establece en el artículo siguiente. Esta confesión se podrá hacer ante la Autoridad investigadora."
>
> "Artículo 89. La aplicación del beneficio a que hace referencia el artículo anterior, **tendrá por efecto una reducción de entre el cincuenta y el setenta por ciento del monto de las sanciones que se impongan al responsable**, y de hasta el total, tratándose de la inhabilitación temporal para participar en adquisiciones, arrendamientos, servicios u obras públicas, por Faltas de particulares. Para su procedencia será necesario que adicionalmente se cumplan los siguientes requisitos:
>
> I. **Que no se haya notificado** a ninguno de los presuntos infractores **el inicio del procedimiento de responsabilidad** administrativa;
>
> II. **Que la persona** que pretende acogerse a este beneficio, **sea** de entre los sujetos involucrados en la infracción, **la primera en aportar los elementos de convicción suficientes** que, a juicio de las autoridades competentes, permitan comprobar la existencia de la infracción y la responsabilidad de quien la cometió;
>
> III. **Que la persona** que pretende acogerse al beneficio **coopere en forma plena y continua** con la autoridad competente que lleve a cabo la investigación y, en su caso, con la que substancie y resuelva el procedimiento de responsabilidad administrativa, y
>
> IV. **Que la persona** interesada en obtener el beneficio, **suspenda**, en el momento en el que la autoridad se lo solicite, **su participación en la infracción.**
>
> ...
>
> **Si el presunto infractor confiesa su responsabilidad** sobre los actos que se le imputan una vez iniciado el procedimiento de responsabilidad administrativa a que se refiere esta Ley, le aplicará

una reducción de hasta treinta por ciento del monto de la sanción aplicable y, en su caso, una reducción de hasta el treinta por ciento del tiempo de inhabilitación que corresponda."

CONMUTACIÓN DE FALTA ADMINISTRATIVA GRAVE A NO GRAVE POR DEVOLUCIÓN DE PAGOS EN DEMASÍA POR REMUNERACIÓN ILEGITIMAS SURGIDAS DE COHECHO Y DESVÍO DE RECURSOS (80 BIS LGRA):

Si el beneficio indebidamente obtenido u otorgado a que hacen referencia los artículos 52, segundo párrafo (pago en demasía de su legítima remuneración), y 54, segundo párrafo (pago de remuneración en contravención con los tabuladores que al efecto resulten aplicables), de la LGRA, no excede el equivalente a 5000 UMAS ($565,700.=), y además se ha devuelto la cantidad entregada o depositada en demasía conforme al tabulador aplicable, la falta administrativa será considerada no grave.

ABSTENCIÓN DE IMPONER SANCIONES ADMINISTRATIVAS:

El artículo 101 LGRA señala que las autoridades resolutoras se abstendrán de imponer sanciones administrativas a un servidor público, cuando derivado de la valoración de las pruebas aportadas en el procedimiento de responsabilidad administrativa, adviertan que no existe daño ni perjuicio a la Hacienda Pública o al patrimonio de los entes públicos y que se actualiza alguna de las siguientes hipótesis:

I. Que la actuación del servidor público, en la atención, trámite o resolución de asuntos a su cargo, esté referida a una cuestión de criterio o arbitrio opinable o debatible, en la que válidamente puedan sustentarse diversas soluciones, siempre que la conducta o abstención no constituya una desviación a la legalidad y obren constancias de los elementos que tomó en cuenta el Servidor Público en la decisión que adoptó, o

II. Que el acto u omisión fue corregido o subsanado de manera espontánea por el servidor público o implique error manifiesto y en cualquiera de estos supuestos, los efectos que, en su caso, se hubieren producido, desaparecieron.

LA ABSTENCIÓN DE IMPONER SANCIONES PODRÁ SER IMPUGNADA POR EL DENUNCIANTE, MEDIANTE EL RECURSO DE INCONFORMIDAD (102 LGRA)

Adicionalmente, tratándose de sanciones de faltas administrativas no graves, el artículo 77 de la LGRA dispone que la Secretaría Anticorrupción o los Órganos internos de control podrán abstenerse de imponer la sanción que corresponda siempre que el servidor público:

I. No haya sido sancionado previamente por la misma falta administrativa no grave, y

II. No haya actuado de forma dolosa.

Las secretarías o los órganos internos de control deben dejar constancia de la no imposición de la sanción en los supuestos antes referidos.

Capítulo XXII

Causas de improcedencia y sobreseimiento del juicio de responsabilidad administrativa

CAUSAS DE IMPROCEDENCIA

"Artículo 196. Son causas de improcedencia del procedimiento de responsabilidad administrativa, las siguientes:
I. Cuando la Falta administrativa haya prescrito;
II. Cuando los hechos o las conductas materia del procedimiento no fueran de competencia de las autoridades substanciadoras o resolutoras del asunto. En este caso, mediante oficio, el asunto se deberá hacer del conocimiento a la autoridad que se estime competente;
III. Cuando las Faltas administrativas que se imputen al presunto responsable ya hubieran sido objeto de una resolución que haya causado ejecutoria pronunciada por las autoridades resolutoras del asunto, siempre que el señalado como presunto responsable sea el mismo en ambos casos;
IV. Cuando de los hechos que se refieran en el Informe de Presunta Responsabilidad Administrativa, no se advierta la comisión de Faltas administrativas, y
V. Cuando se omita acompañar el Informe de Presunta Responsabilidad Administrativa.

En el procedimiento de responsabilidad y/o juicio de responsabilidad administrativa, el sobreseimiento es la resolución de la autoridad administrativa o del tribunal administrativo o disciplinario que pone fin a un proceso de responsabilidad sin emitir una resolución o sentencia condenatoria o absolutoria. Esto ocurre cuando se determina que no hay razones para continuar con el procedimiento o juicio, ya sea porque la falta administrativa no existió, porque no se acreditó la responsabilidad del servidor público, porque la acción de responsabilidad ha prescrito o por otras causas establecidas en la Ley General de Responsabilidades Administrativas.

CAUSAS DE SOBRESEIMIENTO SEGÚN LA LEY GENERAL DE RESPONSABILIDADES ADMINISTRATIVAS

> "Artículo 197. Procederá el sobreseimiento en los casos siguientes:
> I. Cuando se actualice o sobrevenga cualquiera de las causas de improcedencia previstas en esta Ley;
> II. Cuando por virtud de una reforma legislativa, la Falta administrativa que se imputa al presunto responsable haya quedado derogada, o
> III. Cuando el señalado como presunto responsable muera durante el procedimiento de responsabilidad administrativa. Cuando las partes tengan conocimiento de alguna causa de sobreseimiento, la comunicarán de inmediato a la Autoridad substanciadora o resolutora, según corresponda, y de ser posible, acompañarán las constancias que la acrediten."

Capítulo XXIII

Medios de defensa legal (recursos y juicios de amparo)

Para comprender los medios de defensas que se pueden oponer en contra de las resoluciones que se emitan en los procedimientos de responsabilidad, es necesario valorar los aspectos siguientes:

1. **Las faltas administrativas no graves** se resuelven en procedimientos de responsabilidad de naturaleza administrativa, a cargo de órganos administrativos y de los cuales derivan en consecuencia resoluciones administrativas.

2. **Las faltas administrativas graves** se resuelven en un procedimiento de responsabilidad que inicia y se substancia en un procedimiento administrativo pero que deviene y se resuelve en un juicio de responsabilidad ante tribunales administrativos o disciplinarios del cual derivarán autos, resoluciones interlocutorias y sentencias.

3. Tanto las resoluciones de la autoridad administrativa, como las resoluciones de los tribunales administrativos o disciplinarios pueden ser impugnadas mediante recursos.

4. Los recursos proceden ante la misma autoridad administrativa que emitió la resolución administrativa (revocación), ante tribunales administrativos o disciplinarios (reclamación y apelación, o ante el Tribunal Colegiado de Circuito tratándose de resoluciones definitivas (revisión).

5. El juicio de amparo puede proceder tanto contra las resoluciones de la autoridad administrativa en los procedimientos de investigación o de responsabilidad administrativa, como contra las resoluciones de los tribunales administrativos o disciplinarios

en el juicio de responsabilidad, debiendo observarse el principio de definitividad.

RECURSO DE REVOCACIÓN (210 LGRA):

Los Servidores Públicos que resulten responsables por la comisión de Faltas administrativas no graves, podrán interponer el recurso de revocación en contra de las resoluciones administrativas que dicten las Secretarías de contraloría, anticorrupción o de la función pública o los Órganos internos de control, ante las mismas autoridades que las emitieran.

El recurso de revocación deberá interponerse dentro de los quince días hábiles siguientes a la fecha en que surta efectos la notificación de la resolución.

Las resoluciones que las autoridades administrativas dicten en el recurso de revocación serán impugnables ante los Tribunales Administrativos o Disciplinario, vía el juicio contencioso administrativo para el caso del Tribunal Federal de Justicia Administrativa, o el juicio que dispongan las leyes que rijan en esa materia en las entidades federativas según corresponda.

Al efecto, el artículo 38 inciso b) fracción III de la Ley Orgánica del Tribunal Federal de Justicia Administrativa, señala que es atribución de la Sala Especializada en Materia de Responsabilidades Administrativas del Tribunal Federal de Justicia Administrativa, el conocer de los recursos administrativos previstos en la Ley General de Responsabilidades Administrativas, como lo es específicamente resolver el recurso de revocación. Dicha sala tiene competencia para conocer de los asuntos relacionados con sanciones impuestas a servidores públicos y revisar la legalidad de las resoluciones administrativas en esta materia.

RECURSO DE RECLAMACIÓN (213 Y 214 LGRA):

Los Servidores Públicos o denunciantes pueden interponer el recurso de reclamación en contra de las resoluciones de las autoridades substanciadoras o resolutoras que:

- Admitan el Informe de Presunta Responsabilidad Administrativa.
- Desechen o tengan por no presentado el Informe de Presunta Responsabilidad Administrativa.
- Desechen o tengan por no presentada la contestación.
- Desechen o tengan por no presentada alguna prueba.
- Las que decreten o nieguen el sobreseimiento del procedimiento de responsabilidad administrativa antes del cierre de instrucción; autoridades substanciadoras
- Aquéllas que admitan o rechacen la intervención del tercero interesado.

Tratándose de FALTAS NO GRAVES son autoridades substanciadoras y resolutoras las Secretarías de la Contraloría o Anticorrupción o los órganos internos de control.

Tratándose de FALTAS GRAVES, son autoridades sustanciadoras las Secretarías de la Contraloría o Anticorrupción, los órganos internos de control o la Auditoría de Fiscalización Superior (u órganos fiscalizadores locales) y son autoridades resolutoras los Tribunales de Justicia Administrativa o Disciplinarios.

El recurso se interpone ante las mismas autoridades que las emitieran, dentro de los cinco días hábiles siguientes a aquél en que surta efectos la notificación de que se trate.

Interpuesto el recurso, se corre traslado a la contraparte por el término de tres días hábiles para que exprese lo que a su derecho convenga y se da cuenta al Tribunal para que resuelva en el término de cinco días hábiles.

Al efecto, el artículo 20, fracción IV de la Ley Orgánica del Tribunal Federal de Justicia Administrativa, señala que es atribución de la Sección Tercera de la Sala Superior del Tribunal Federal de Justicia Administrativa, el resolver el recurso de reclamación que proceda en los términos de la Ley General de Responsabilidades Administrativas.

El artículo 214 de la Ley General de Responsabilidades Administrativas, señala que la resolución de la reclamación no admitirá recurso legal alguno, por lo cual se deriva procedente el juicio de amparo.

RECURSO DE APELACIÓN (215-219 LGRA):

Las resoluciones emitidas por los Tribunales de Justicia Administrativa o Disciplinaria (que conocen de la materia de responsabilidades administrativas), podrán ser impugnadas por los responsables (servidores públicos o particulares vinculados con faltas administrativas graves) o por los terceros, mediante el recurso de apelación.

El recurso de apelación **se promoverá mediante escrito ante el Tribunal que emitió la resolución**, dentro de los quince días hábiles siguientes a aquél en que surta sus efectos la notificación de la resolución que se recurre.

El recurso de apelación procede contra las resoluciones siguientes:

- La que determine imponer sanciones por la comisión **de faltas administrativas graves o faltas de particulares.** (la impugnan los demandados: servidores públicos o particulares responsables de actos vinculados a faltas graves o terceros).
- La que determine que no existe responsabilidad administrativa por parte de los presuntos infractores, ya sean Servidores Públicos o particulares (la impugnan los órganos internos de control u órganos fiscalizadores).

El artículo 20, fracción II de la Ley Orgánica del Tribunal Federal de Justicia Administrativa, señala que es atribución de la Sección Tercera de la Sala Superior del Tribunal Federal de Justicia Administrativa, el resolver el recurso de apelación que interpongan las partes en contra de las resoluciones dictadas por las Salas Especializadas en materia de Responsabilidades Administrativas.

En un juicio de responsabilidad administrativa, los terceros son aquellas personas físicas o morales que tienen un interés legítimo en el procedimiento, ya sea porque pueden verse afectadas por la resolución o porque tienen derechos que podrían ser incompatibles con la pretensión de la autoridad demandante.

Por ejemplo, en el caso de una sanción administrativa impuesta a un servidor público, un tercero podría ser una empresa que haya celebrado contratos con dicho funcionario y que pueda verse afectada por la decisión del tribunal. También pueden ser terceros aquellos que tengan un interés en que la resolución impugnada se mantenga firme, como una autoridad que emitió el acto administrativo en cuestión.

RECURSO DE REVISIÓN (220 Y 221 LGRA):

El recurso de revisión es un medio de defensa que tienen a su favor las autoridades administrativas demandantes del fincamiento de una responsabilidad administrativa y que se encuentren insatisfechas de las resoluciones definitivas que liberen de responsabilidades a los servidores o exservidores públicos. Se interpone ante el propio Tribunal que las emite, pero resuelve el Tribunal Colegiado de Circuito de la Suprema Corte de Justicia de la Nación, competente en la sede del Pleno, Sección o Sala Regional a que corresponda:

> "Artículo 220. Las resoluciones definitivas que emita el Tribunal Federal de Justicia Administrativa, podrán ser impugnadas por la Secretaría de la Función Pública, los Órganos internos de control de los entes públicos federales o la Auditoría Superior de la Federación, interponiendo el recurso de revisión, **mediante escrito**

> **que se presente ante el propio Tribunal**, dentro de los diez días hábiles siguientes a aquél en que surta sus efectos la notificación respectiva.
> La tramitación del recurso de revisión se sujetará a lo establecido en la Ley de Amparo, Reglamentaria de los Artículos 103 y 107 de la Constitución Política de los Estados Unidos Mexicanos, para la substanciación de la revisión en amparo indirecto, y **en contra de la resolución dictada por el Tribunal Colegiado de Circuito no procederá juicio ni recurso alguno."**
> "Artículo 221. Las sentencias definitivas que emitan los Tribunales de las entidades federativas, podrán ser impugnadas por las Secretarías, los Órganos internos del control o las entidades de fiscalización locales competentes, en los términos que lo prevean las leyes locales."

Las resoluciones se consideran definitivas cuando no admiten recurso administrativo o cuando su interposición es optativa.

JUICIOS DE AMPARO

En contra de resoluciones dictadas por autoridades administrativa en los procesos de investigación de faltas administrativas y/o de responsabilidades administrativas, o en contra de resoluciones dictadas por tribunales administrativos o disciplinarios en los juicios de responsabilidad administrativa, puede proceder el juicio de amparo, directo o indirecto, según se trate de resoluciones definitivas o no.

JUICIO DE AMPARO DIRECTO

El juicio de amparo directo tiene como finalidad impugnar sentencias definitivas y resoluciones que ponen fin a un juicio, cuando se alegue la violación de derechos fundamentales establecidos por la Constitución Federal. Se reitera que las resoluciones son definitivas cuando no admiten recurso administrativo o cuando su interposición es optativa.

La regla general es que el juicio de amparo directo procede contra sentencias o resoluciones definitivas de todo tipo de tribunales.

Tratándose de justicia administrativa, las sentencias o resoluciones definitivas de los tribunales administrativos o disciplinarios pueden afectar a cualquiera de quienes son partes en un juicio de responsabilidad: las autoridades demandantes de la responsabilidad administrativa, los servidores públicos (o exservidores) o particulares sujetos de responsabilidad administrativa o los terceros.

En tal contexto, los Tribunales Colegiados de Circuito tienen competencia de conocer del recurso de revisión interpuesto por la Secretaría Anticorrupción y Buen Gobierno, los Órganos internos de control de los entes públicos federales o la Auditoría Superior de la Federación contra resoluciones definitivas que emita el Tribunal Federal de Justicia Administrativa, por lo tanto, se considera que con la interposición del recurso de revisión las autoridades demandantes de responsabilidad administrativa han agotado cualquier instancia de impugnación dentro del proceso judicial administrativo, **incluyendo el juicio de amparo.**

Lo anterior queda claro cuando el artículo 220 de la Ley General de Responsabilidades Administrativas señala:

> "La tramitación del recurso de revisión se sujetará a lo establecido en la Ley de Amparo, Reglamentaria de los Artículos 103 y 107 de la Constitución Política de los Estados Unidos Mexicanos, para la substanciación de la revisión en amparo indirecto, y **en contra de la resolución dictada por el Tribunal Colegiado de Circuito no procederá juicio ni recurso alguno.**"

Sin embargo, las otras partes: los servidores públicos (o exservidores) o particulares (vinculados a faltas graves) sujetos de procedimientos administrativos de investigación o de responsabilidad y/o juicios de responsabilidad administrativa y quienes sean terceros, pueden también interponer el juicio de amparo directo contra las sentencias o resoluciones definitivas provenientes de los recursos de revocación, reclamación o apelación, según sea el caso, que les afecte.

El artículo 64 de la Ley Federal de Procedimiento Contencioso Administrativo entrevé que es factible recurrir al juicio de amparo directo cuando enuncia:

> Artículo 64. Si el particular interpuso amparo directo contra la misma resolución o sentencia impugnada mediante el recurso de revisión, el Tribunal Colegiado de Circuito que conozca del amparo resolverá el citado recurso, lo cual tendrá lugar en la misma sesión en que decida el amparo.

Debe precisarse que previo a la viabilidad de interponer un juicio de amparo contra resoluciones de tribunales o de autoridades administrativas, debe atenderse el principio de definitividad que se deriva del artículo 61 fracción XVIII (cuando se pretende impugnar resoluciones de tribunales administrativas) y fracción XX (cuando se pretende impugnar resoluciones de autoridades administrativas). Esto es, que deben de agotarse los recursos o medios de defensa legal que establezca la Ley General de Responsabilidades Administrativas; de no hacerlo, los juicios de amparo promovidos serán improcedentes. Por exclusión, se deriva que, si la Ley General de Responsabilidades Administrativas no prevé recursos o medios de defensa legal, los juicios de amparo que se promuevan serán procedentes.

JUICIO DE AMPARO INDIRECTO

Por exclusión, se deriva que en materia de responsabilidades administrativas procede el amparo indirecto contra resoluciones de la autoridad administrativa o de los tribunales administrativos o disciplinarios que no tengan el carácter de definitivos; pudiendo acontecer que surjan actos u omisiones de la autoridad administrativa dentro o fuera del procedimiento administrativo (artículo 107 fracciones II y III de la Ley de Amparo); o actos de los tribunales en el juicio que causan un perjuicio irreparable (artículo 107 fracción V de la Ley de Amparo), o que se impugnen normas generales aplicadas en el juicio de responsabilidad (artículo 107 fracción I de la Ley de Amparo) en tales casos procedería un amparo indirecto.

Ahora bien, en los procedimientos de investigación de faltas administrativas, se suelen efectuar prácticas contrarias a la Ley General de Responsabilidades Administrativas, cuyos modos de impugnación no están claramente regulados.

Por ejemplo, el artículo 94 de la LGRA regula la obligación de la autoridad competente de iniciar investigaciones para detectar faltas administrativas que sean denunciadas, **y no faculta a la autoridad para negarse a iniciar investigaciones**, sin embargo, es común que la autoridad investigadora aduzca la inexistencia de elementos que hagan probable la existencia del hecho o acto denunciado y/o la presunta responsabilidad del servidor público denunciado y se niegue a iniciar la investigación, esto cuando el artículo 93 de la LGRA solo exige que se aporten datos o indicios, y de que la responsabilidad de la investigación y de allegarse de evidencias probatorias recae en la autoridad investigadora, quien conforme al artículo 135 de la misma LGRA tiene la carga de la prueba para demostrar la veracidad sobre los hechos que demuestren la existencia de las faltas, así como la responsabilidad de aquellos a quienes se imputen las mismas. En tal contexto, la LGRA no señala cual es el recurso oponible contra la negativa de la autoridad investigadora a iniciar investigaciones.

Algo similar se desprende del artículo 96 de LGRA, que dispone que las personas físicas o morales, públicas o privadas, **solo están obligadas a atender los requerimientos de la autoridad investigadora cuando se encuentren debidamente fundados y motivados**; resultando por lo tanto que los requerimientos de la autoridad investigadora que no satisfagan tales condiciones, son susceptibles de ser impugnados e invalidados hasta en tanto no se subsanen dichas deficiencias. Ahora bien, dicha omisión no puede ser combatida con ninguno de los recursos que contempla Ley General de Responsabilidades Administrativas porque simplemente no se encuentra dentro de los extremos de los supuestos recurribles.

En ambos casos, es necesario combatir la negativa de la autoridad investigadora de iniciar investigaciones y su omisión de fundamentar y motivar sus requerimientos de información o documentación, a través del Juicio de Amparo indirecto, ya que pueden constituir actos, omisiones y/o resoluciones de una autoridad administrativa, que se ubiquen en los supuestos de procedencia establecidos en el artículo 107 la fracción II o III de la Ley de Amparo y en los cuales no es posible observar el principio de definitividad por no existir recursos.

El principio de definitividad consiste en la obligación que tiene el afectado de agotar todos los recursos y medios de defensa ordinarios disponibles para impugnar el acto que lo perjudica, antes de recurrir al juicio de amparo.

Capítulo XXIV

Denuncia penal derivado de procedimientos de investigación de faltas administrativas y/o de responsabilidad administrativa

El artículo 109 constitucional establece que los procedimientos para la aplicación de las sanciones por responsabilidad política, penal o administrativa se desarrollarán autónomamente y que no podrán imponerse dos veces por una sola conducta sanciones de la misma naturaleza.

Por otra parte, dicho precepto constitucional en su fracción IV precisa que: **los tribunales de justicia administrativa impondrán a los particulares que intervengan en actos vinculados con faltas administrativas graves, con independencia de otro tipo de responsabilidades.**

Lo anterior, da lugar para que de la investigación de una responsabilidad administrativa o de un acto de particular vinculado a una falta administrativa grave, pueda derivarse una investigación y sanción de naturaleza penal a través de la denuncia correspondiente.

En ese contexto, lo dispone y regula la LGRA en sus artículos 10, 14 y 42:

> "**Artículo 10.** Las Secretarías y los Órganos internos de control, y sus homólogas en las entidades federativas tendrán a su cargo, en el ámbito de su competencia, la investigación, substanciación y calificación de las Faltas administrativas.
> Tratándose de actos u omisiones que hayan sido calificados como Faltas administrativas no graves, las Secretarías y los Órganos internos de control serán competentes para iniciar, substanciar y re-

> solver los procedimientos de responsabilidad administrativa en los términos previstos en esta Ley.
> En el supuesto de que las autoridades investigadoras determinen en su calificación la existencia de Faltas administrativas, así como la presunta responsabilidad del infractor, deberán elaborar el Informe de Presunta Responsabilidad Administrativa y presentarlo a la Autoridad substanciadora para que proceda en los términos previstos en esta Ley.
> Además de las atribuciones señaladas con anterioridad, los Órganos internos de control serán competentes para:
> ...
> III. Presentar denuncias por hechos que las leyes señalen como delitos ante la Fiscalía Especializada en Combate a la Corrupción o en su caso ante sus homólogos en el ámbito local."
> "**Artículo 14.** Cuando los actos u omisiones de los Servidores Públicos materia de denuncias, queden comprendidos en más de uno de los casos sujetos a sanción y previstos en el artículo 109 de la Constitución, los procedimientos respectivos se desarrollarán en forma autónoma según su naturaleza y por la vía procesal que corresponda, debiendo las autoridades a que alude el artículo 9 de esta Ley turnar las denuncias a quien deba conocer de ellas. No podrán imponerse dos veces por una sola conducta sanciones de la misma naturaleza."
> "**Artículo 42.** Cuando las Autoridades investigadoras, en el ámbito de sus competencias, llegaren a formular denuncias ante el Ministerio Público correspondiente, éstas serán coadyuvantes del mismo en el procedimiento penal respectivo."

Ahora bien, la mayoría de los supuestos integradores de las faltas administrativas graves de los servidores públicos, coinciden con figuras penales, o bien, están correlacionados con delitos establecidos en los Códigos Penales:

Figuras Jurídica contempladas como faltas administrativas graves	LGRA	Código Penal Federal
*COHECHO	A. 52	A. 222
*PECULADO	A. 53	A. 223
*DESVÍO DE RECURSOS	A. 54	A. 217 fr. III y 217 Ter
*UTILIZACIÓN INDEBIDA DE INFORMACIÓN	A. 55	A. 210, 211, 214 fr. IV A. 220 fr. II
*ABUSO DE FUNCIONES	A. 57	214 (ejercicio ilícito de servicio público), 215 (abuso de autoridad) 220 (Ejercicio abusivo de funciones)
*CONFLICTO DE INTERÉS	A. 58	A. 220 fr. I y II
*CONTRATACIÓN INDEBIDA	A. 59	A. 217
*ENRIQUECIMIENTO OCULTO	A. 60	A. 224 (E. Ilícito)
*SIMULACIÓN DE ACTOS JURÍDICOS	A. 60 Bis	A. 386, 387 fr. X
*TRÁFICO DE INFLUENCIAS	A. 61	A. 221
*ENCUBRIMIENTO	A. 62	A. 214 fr. III A. 400
*DESACATO	A. 63	A. 217 Bis fr. II
*NEPOTISMO	A. 63 Bis	A. 220 fr. I
*OBSTRUCCIÓN A LA JUSTICIA	A. 64	A. 211 Bis 2
*VIOLACIONES A LAS DISPOSICIONES SOBRE FIDEICOMISOS	A. 64 Bis	****
*OMISIÓN DE ENTERAR LAS CUOTAS, APORTACIONES, CUOTAS SOCIALES O DESCUENTOS	A. 64 Ter	****